# Molière

# Le Misanthrope

Dossier et notes réalisés par
**Ève-Marie Rollinat-Levasseur**

Lecture d'image par
**Bertrand Leclair**

folioplus
classiques

**Ève-Marie Rollinat-Levasseur** est maître de conférences à l'université de Paris III-Sorbonne nouvelle. Ses travaux de recherche portent sur le théâtre classique, l'histoire des publications théâtrales ainsi que sur la didactique des langues et de la littérature. Pour « Folioplus classiques », elle a rédigé le dossier pédagogique de *Phèdre* de Jean Racine et de *Cinna* de Pierre Corneille.

**Bertrand Leclair** est romancier, essayiste et critique littéraire. Il est également l'auteur de fictions radiophoniques. Derniers titres parus : *L'Amant liesse* (Champ Vallon, 2007), *Une guerre sans fin* (Libella-Maren Sell, 2008).

© *Éditions Gallimard, 1996*
*pour le texte établi par Jacques Chupeau,*
*2011 pour la lecture d'image et le dossier.*

# Sommaire

**Le Misanthrope**   5

   Acte I   7

   Acte II   35

   Acte III   58

   Acte IV   77

   Acte V   97

**Dossier**

Du tableau au texte

   Analyse de *Vanité* (*autoportrait*) de David Bailly
(1651)   117

Le texte en perspective

   Mouvement littéraire : *Le siècle de Molière et
du théâtre*   129

  Genre et registre : *La Grande Comédie*   141

   L'écrivain à sa table de travail : *Écrire pour la
scène*   151

   Groupement de textes : *Un objet scénique en
mal de destinataire : la lettre*   162

   Chronologie : *Molière et son temps*   178

   Éléments pour une fiche de lecture   189

# Le Misanthrope

## ACTEURS

ALCESTE, *amant de Célimène.*
PHILINTE, *ami d'Alceste.*
ORONTE, *amant de Célimène.*
CÉLIMÈNE, *amante d'Alceste.*
ÉLIANTE, *cousine de Célimène.*
ARSINOÉ, *amie de Célimène.*
ACASTE,
CLITANDRE, } *marquis.*
BASQUE, *valet de Célimène.*
Un GARDE de la maréchaussée de France.
DU BOIS, *valet d'Alceste.*

*La scène est à Paris*

# Acte I

## Scène I

### PHILINTE, ALCESTE

#### PHILINTE

Qu'est-ce donc ? Qu'avez-vous ?

#### ALCESTE

Laissez-moi, je vous prie.

#### PHILINTE

Mais encor dites-moi quelle bizarrerie[1]...

#### ALCESTE

Laissez-moi là, vous dis-je, et courez vous cacher.

#### PHILINTE

Mais on entend les gens, au moins, sans se fâcher.

---

1. Caprice.

ALCESTE

5 Moi, je veux me fâcher, et ne veux point entendre.

PHILINTE

Dans vos brusques chagrins je ne puis vous comprendre,
Et quoique amis enfin, je suis tout des premiers…

ALCESTE

Moi, votre ami ? Rayez cela de vos papiers.
J'ai fait jusques ici profession de l'être ;
10 Mais après ce qu'en vous je viens de voir paraître,
Je vous déclare net que je ne le suis plus,
Et ne veux nulle place en des cœurs corrompus.

PHILINTE

Je suis donc bien coupable, Alceste, à votre compte ?

ALCESTE

Allez, vous devriez mourir de pure honte ;
15 Une telle action ne saurait s'excuser,
Et tout homme d'honneur s'en doit scandaliser.
Je vous vois accabler un homme de caresses[1],
Et témoigner pour lui les dernières tendresses ;
De protestations, d'offres et de serments,
20 Vous chargez la fureur de vos embrassements ;
Et quand je vous demande après quel est cet homme,
À peine pouvez-vous dire comme il se nomme ;
Votre chaleur pour lui tombe en vous séparant,
Et vous me le traitez, à moi, d'indifférent.
25 Morbleu[2] ! c'est une chose indigne, lâche, infâme,

---

1. « Démonstration d'amitié ou de bienveillance, cajolerie, bon accueil » qu'on fait à quelqu'un (Furetière, *Dictionnaire universel*, 1690).
2. Euphémisme pour « la mort de Dieu » : juron en usage au XVIIᵉ siècle, comme parbleu ou par la sangbleu (v. 773).

De s'abaisser ainsi jusqu'à trahir son âme ;
Et si, par un malheur, j'en avais fait autant,
Je m'irais, de regret, pendre tout à l'instant.

#### PHILINTE

Je ne vois pas, pour moi, que le cas soit pendable,
30 Et je vous supplierai d'avoir pour agréable
Que je me fasse un peu grâce sur votre arrêt[1],
Et ne me pende pas pour cela, s'il vous plaît.

#### ALCESTE

Que la plaisanterie est de mauvaise grâce !

#### PHILINTE

Mais, sérieusement, que voulez-vous qu'on fasse ?

#### ALCESTE

35 Je veux qu'on soit sincère, et qu'en homme d'honneur,
On ne lâche aucun mot qui ne parte du cœur.

#### PHILINTE

Lorsqu'un homme vous vient embrasser avec joie,
Il faut bien le payer de la même monnoie,
Répondre, comme on peut, à ses empressements,
40 Et rendre offre pour offre, et serments pour serments.

#### ALCESTE

Non, je ne puis souffrir cette lâche méthode
Qu'affectent[2] la plupart de vos gens à la mode ;
Et je ne hais rien tant que les contorsions

---

1. Décision de justice, condamnation.
2. Recherchent ardemment.

De tous ces grands faiseurs de protestations[1],
45 Ces affables donneurs d'embrassades frivoles,
Ces obligeants diseurs d'inutiles paroles,
Qui de civilités avec tous font combat,
Et traitent du même air l'honnête homme et le fat.
Quel avantage a-t-on qu'un homme vous caresse,
50 Vous jure amitié, foi, zèle, estime, tendresse,
Et vous fasse de vous un éloge éclatant,
Lorsqu'au premier faquin[2] il court en faire autant ?
Non, non, il n'est point d'âme un peu bien située[3]
Qui veuille d'une estime ainsi prostituée ;
55 Et la plus glorieuse a des régals peu chers,
Dès qu'on voit qu'on nous mêle avec tout l'univers :
Sur quelque préférence une estime se fonde,
Et c'est n'estimer rien qu'estimer tout le monde.
Puisque vous y donnez, dans ces vices du temps,
60 Morbleu ! vous n'êtes pas pour être de mes gens[4] ;
Je refuse d'un cœur la vaste complaisance
Qui ne fait de mérite aucune différence ;
Je veux qu'on me distingue ; et pour le trancher net,
L'ami du genre humain n'est point du tout mon fait.

PHILINTE

65 Mais quand on est du monde, il faut bien que l'on rende
Quelques dehors civils[5] que l'usage demande.

ALCESTE

Non, vous dis-je, on devrait châtier, sans pitié,

---

1. « Offres de service, d'amitié, qu'on affirme et réitère puissamment et avec serment » (Furetière).
2. Terme injurieux : homme vil, sans honneur.
3. Noble.
4. Être de mes amis.
5. Marques extérieures de civilité.

Ce commerce honteux de semblants d'amitié.
Je veux que l'on soit homme, et qu'en toute rencontre
70 Le fond de notre cœur dans nos discours se montre,
Que ce soit lui qui parle, et que nos sentiments
Ne se masquent jamais sous de vains compliments.

PHILINTE

Il est bien des endroits où la pleine franchise
Deviendrait ridicule et serait peu permise ;
75 Et parfois, n'en déplaise à votre austère honneur,
Il est bon de cacher ce qu'on a dans le cœur.
Serait-il à propos et de la bienséance
De dire à mille gens tout ce que d'eux on pense ?
Et quand on a quelqu'un qu'on hait ou qui déplaît,
80 Lui doit-on déclarer la chose comme elle est ?

ALCESTE

Oui.

PHILINTE

Quoi ? vous iriez dire à la vieille Émilie
Qu'à son âge il sied mal de faire la jolie,
Et que le blanc[1] qu'elle a scandalise chacun ?

ALCESTE

Sans doute[2].

PHILINTE

À Dorilas, qu'il est trop importun,
85 Et qu'il n'est, à la cour, oreille qu'il ne lasse
À conter sa bravoure et l'éclat de sa race ?

---

1. Fard pour éclaircir le teint ou masquer les rides.
2. Sans aucun doute, assurément.

ALCESTE

Fort bien.

PHILINTE

Vous vous moquez.

ALCESTE

                          Je ne me moque point,
Et je vais n'épargner personne sur ce point.
Mes yeux sont trop blessés, et la cour et la ville
90 Ne m'offrent rien qu'objets à m'échauffer la bile[1] ;
J'entre en une humeur noire, en un chagrin profond,
Quand je vois vivre entre eux les hommes comme ils font ;
Je ne trouve partout que lâche flatterie,
Qu'injustice, intérêt, trahison, fourberie ;
95 Je n'y puis plus tenir, j'enrage, et mon dessein
Est de rompre en visière[2] à tout le genre humain.

PHILINTE

Ce chagrin philosophe[3] est un peu trop sauvage,
Je ris des noirs accès où je vous envisage,
Et crois voir en nous deux, sous mêmes soins nourris,
100 Ces deux frères que peint L'École des maris[4],
Dont...

_____

1. L'une des quatre humeurs (ou substances liquides) qui, avec le sang, le flegme et la bile noire (mélancolie), composent le corps humain, selon la médecine de l'époque.
2. «Dire en face à quelqu'un quelque chose de fâcheux, d'injurieux, fièrement, brusquement, incivilement» (Furetière).
3. «Se dit quelquefois ironiquement d'un homme bourru, incivil mal à propos, qui n'a aucun égard aux devoirs et aux bienséances de la société civile» (Furetière).
4. Comédie de Molière qui commence par un débat entre deux frères ayant une conception radicalement opposée du mariage.

ALCESTE

Mon Dieu ! laissons là vos comparaisons fades[1].

PHILINTE

Non : tout de bon, quittez toutes ces incartades.
Le monde par vos soins ne se changera pas ;
Et puisque la franchise a pour vous tant d'appas,
105 Je vous dirai tout franc que cette maladie,
Partout où vous allez, donne la comédie,
Et qu'un si grand courroux contre les mœurs du temps
Vous tourne en ridicule auprès de bien des gens.

ALCESTE

Tant mieux, morbleu ! tant mieux, c'est ce que je demande,
110 Ce m'est un fort bon signe, et ma joie en est grande :
Tous les hommes me sont à tel point odieux,
Que je serais fâché d'être sage à leurs yeux.

PHILINTE

Vous voulez un grand mal à la nature humaine !

ALCESTE

Oui, j'ai conçu pour elle une effroyable haine.

PHILINTE

115 Tous les pauvres mortels, sans nulle exception,
Seront enveloppés dans cette aversion ?
Encore en est-il bien, dans le siècle où nous sommes...

ALCESTE

Non : elle est générale, et je hais tous les hommes :

---

1. Sans saveur, de mauvais goût.

Les uns, parce qu'ils sont méchants et malfaisants,
120 Et les autres, pour être aux méchants complaisants,
Et n'avoir pas pour eux ces haines vigoureuses
Que doit donner le vice aux âmes vertueuses.
De cette complaisance on voit l'injuste excès[1]
Pour le franc scélérat avec qui j'ai procès[2] :
125 Au travers de son masque on voit à plein le traître ;
Partout il est connu pour tout ce qu'il peut être ;
Et ses roulements d'yeux et son ton radouci[3]
N'imposent[4] qu'à des gens qui ne sont point d'ici.
On sait que ce pied-plat[5], digne qu'on le confonde,
130 Par de sales emplois s'est poussé dans le monde,
Et que par eux son sort de splendeur revêtu
Fait gronder le mérite et rougir la vertu.
Quelques titres honteux qu'en tous lieux on lui donne,
Son misérable honneur ne voit pour lui personne ;
135 Nommez-le fourbe, infâme et scélérat maudit,
Tout le monde en convient, et nul n'y contredit.
Cependant sa grimace est partout bienvenue :
On l'accueille, on lui rit[6], partout il s'insinue ;
Et s'il est, par la brigue[7], un rang à disputer,
140 Sur le plus honnête homme on le voit l'emporter.
Têtebleu ! ce me sont de mortelles blessures,
De voir qu'avec le vice on garde des mesures[8] ;

---

1. On voit l'injuste excès de cette complaisance.
2. Avec qui je suis en procès.
3. Signes distinctifs des hypocrites.
4. Ne trompent que.
5. Gueux, rustre, c'est-à-dire un roturier qui porte des chaussures à talons plats contrairement aux seigneurs qui avaient des chaussures à talons hauts.
6. Sourit.
7. Intrigue secrète, manœuvre détournée pour triompher d'un concurrent.
8. De voir qu'on minimise les conduites immorales.

Et parfois il me prend des mouvements soudains
De fuir dans un désert l'approche des humains.

#### PHILINTE

145 Mon Dieu, des mœurs du temps mettons-nous moins en
  peine,
Et faisons un peu grâce à la nature humaine ;
Ne l'examinons point dans la grande rigueur,
Et voyons ses défauts avec quelque douceur.
Il faut, parmi le monde, une vertu traitable[1] ;
150 À force de sagesse, on peut être blâmable ;
La parfaite raison fuit toute extrémité,
Et veut que l'on soit sage avec sobriété.
Cette grande roideur des vertus des vieux âges
Heurte trop notre siècle et les communs usages ;
155 Elle veut aux mortels trop de perfection :
Il faut fléchir au temps sans obstination[2] ;
Et c'est une folie à nulle autre seconde[3]
De vouloir se mêler de corriger le monde.
J'observe, comme vous, cent choses tous les jours,
160 Qui pourraient mieux aller, prenant un autre cours ;
Mais quoi qu'à chaque pas je puisse voir paraître,
En courroux, comme vous, on ne me voit point être ;
Je prends tout doucement les hommes comme ils sont,
J'accoutume mon âme à souffrir ce qu'ils font ;
165 Et je crois qu'à la cour, de même qu'à la ville,
Mon flegme[4] est philosophe autant que votre bile.

---

1. Accommodante.
2. Il faut se plier aux mœurs de notre époque.
3. La plus grande de toutes.
4. Parmi les quatre humeurs cardinales, le flegme exprime un caractère posé, contrairement à la bile, qui traduit un caractère emporté.

ALCESTE

Mais ce flegme, Monsieur, qui raisonne[1] si bien,
Ce flegme pourra-t-il ne s'échauffer de rien ?
Et s'il faut, par hasard, qu'un ami vous trahisse,
170  Que, pour avoir vos biens, on dresse un artifice[2],
Ou qu'on tâche à semer de méchants bruits de vous,
Verrez-vous tout cela sans vous mettre en courroux ?

PHILINTE

Oui, je vois ces défauts dont votre âme murmure[3]
Comme vices unis à l'humaine nature ;
175  Et mon esprit enfin n'est pas plus offensé
De voir un homme fourbe, injuste, intéressé,
Que de voir des vautours affamés de carnage,
Des singes malfaisants, et des loups pleins de rage.

ALCESTE

Je me verrai trahir, mettre en pièces, voler,
180  Sans que je sois... Morbleu ! je ne veux point parler,
Tant ce raisonnement est plein d'impertinence.

PHILINTE

Ma foi ! vous ferez bien de garder le silence.
Contre votre partie[4] éclatez un peu moins,
Et donnez au procès une part de vos soins.

ALCESTE

185  Je n'en donnerai point, c'est une chose dite.

---

1. Raisonnez (« Monsieur » est l'antécédent de « qui »).
2. Ruse, machination.
3. Gronde, se plaint.
4. Terme juridique désignant l'adversaire dans un procès.

PHILINTE

Mais qui voulez-vous donc qui pour vous sollicite[1] ?

ALCESTE

Qui je veux ? La raison, mon bon droit, l'équité.

PHILINTE

Aucun juge par vous ne sera visité ?

ALCESTE

Non. Est-ce que ma cause est injuste ou douteuse ?

PHILINTE

190 J'en demeure d'accord ; mais la brigue est fâcheuse,
Et…

ALCESTE

Non : j'ai résolu de n'en pas faire un pas.
J'ai tort, ou j'ai raison.

PHILINTE

Ne vous y fiez pas.

ALCESTE

Je ne remuerai point.

PHILINTE

Votre partie est forte,
Et peut, par sa cabale, entraîner…

---

1. Solliciter, c'est, selon Furetière, « travailler avec empressement à faire réussir une affaire. Les juges veulent être bonnetés et sollicités ». Au XVIIe siècle, l'usage était que les deux parties d'un procès fassent intervenir une personne influente pour gagner la faveur d'un juge et ce qui était considéré comme un acte de civilité.

ALCESTE

Il n'importe.

PHILINTE

195 Vous vous tromperez.

ALCESTE

Soit. J'en veux voir le succès[1].

PHILINTE

Mais…

ALCESTE

J'aurai le plaisir de perdre mon procès.

PHILINTE

Mais enfin…

ALCESTE

Je verrai, dans cette plaiderie[2],
Si les hommes auront assez d'effronterie,
Seront assez méchants, scélérats et pervers,
200 Pour me faire injustice aux yeux de l'univers.

PHILINTE

Quel homme !

ALCESTE

Je voudrais, m'en coûtât-il grand-chose[3],
Pour la beauté du fait avoir perdu ma cause.

---

1. Issue, heureuse ou malheureuse.
2. Plaidoirie, ou plus généralement procès.
3. Même si cela devait me coûter cher.

PHILINTE

On se rirait de vous, Alceste, tout de bon,
Si l'on vous entendait parler de la façon.

ALCESTE

205 Tant pis pour qui rirait.

PHILINTE

Mais cette rectitude
Que vous voulez en tout avec exactitude,
Cette pleine droiture, où vous vous renfermez,
La trouvez-vous ici dans ce que vous aimez[1] ?
Je m'étonne, pour moi, qu'étant, comme il le semble,
210 Vous et le genre humain si fort brouillés ensemble,
Malgré tout ce qui peut vous le rendre odieux,
Vous ayez pris chez lui ce qui charme vos yeux ;
Et ce qui me surprend encore davantage,
C'est cet étrange choix où votre cœur s'engage.
215 La sincère Éliante a du penchant pour vous,
La prude Arsinoé vous voit d'un œil fort doux :
Cependant à leurs vœux votre âme se refuse,
Tandis qu'en ses liens Célimène l'amuse[2],
De qui l'humeur coquette[3] et l'esprit médisant
220 Semblent si fort donner dans les mœurs d'à présent.
D'où vient que, leur portant une haine mortelle,
Vous pouvez bien souffrir ce qu'en tient cette belle[4] ?

---

1. Chez la personne que vous aimez.
2. Amuser, selon Furetière, c'est «tromper, repaître les gens de vaines espérances».
3. Une coquette est une «dame qui tâche de donner de l'amour des hommes. (…) Les *coquettes* tâchent d'engager les hommes et ne veulent point s'engager» (Furetière).
4. D'où vient que vous pouvez supporter chez Célimène qu'elle suive les «mœurs d'à présent»?

Ne sont-ce plus défauts dans un objet si doux ?
Ne les voyez-vous pas ? ou les excusez-vous ?

### ALCESTE

225 Non, l'amour que je sens pour cette jeune veuve
Ne ferme point mes yeux aux défauts qu'on lui treuve[1],
Et je suis, quelque ardeur qu'elle m'ait pu donner,
Le premier à les voir, comme à les condamner.
Mais, avec tout cela, quoi que je puisse faire,
230 Je confesse mon faible, elle a l'art de me plaire :
J'ai beau voir ses défauts, et j'ai beau l'en blâmer,
En dépit qu'on en ait[2], elle se fait aimer ;
Sa grâce est la plus forte ; et sans doute ma flamme
De ces vices du temps pourra purger son âme.

### PHILINTE

235 Si vous faites cela, vous ne ferez pas peu.
Vous croyez être donc aimé d'elle ?

### ALCESTE

                                        Oui, parbleu !
Je ne l'aimerais pas, si je ne croyais l'être.

### PHILINTE

Mais si son amitié pour vous se fait paraître,
D'où vient que vos rivaux vous causent de l'ennui[3] ?

### ALCESTE

240 C'est qu'un cœur bien atteint veut qu'on soit tout à lui,
Et je ne viens ici qu'à dessein de lui dire
Tout ce que là-dessus ma passion m'inspire.

---

1. Forme archaïque et licence poétique : trouve.
2. Malgré soi.
3. Tourment.

### PHILINTE

Pour moi, si je n'avais qu'à former des désirs,
La cousine Éliante aurait tous mes soupirs ;
245 Son cœur, qui vous estime, est solide et sincère,
Et ce choix plus conforme était mieux votre affaire.

### ALCESTE

Il est vrai : ma raison me le dit chaque jour ;
Mais la raison n'est pas ce qui règle l'amour.

### PHILINTE

Je crains fort pour vos feux ; et l'espoir où vous êtes
250 Pourrait…

# Scène 2

### ORONTE, ALCESTE, PHILINTE

### ORONTE

    J'ai su là-bas[1] que, pour quelques emplettes,
Éliante est sortie, et Célimène aussi ;
Mais comme l'on m'a dit que vous étiez ici,
J'ai monté pour vous dire, et d'un cœur véritable,
Que j'ai conçu pour vous une estime incroyable,
255 Et que, depuis longtemps, cette estime m'a mis
Dans un ardent désir d'être de vos amis.
Oui, mon cœur au mérite aime à rendre justice,

---

1. En bas. Suivant l'usage, Célimène reçoit les visiteurs de qualité au premier étage, dans « une chambre » où l'on tient salon.

Et je brûle qu'un nœud d'amitié nous unisse:
Je crois qu'un ami chaud, et de ma qualité[1],
260  N'est pas assurément pour être rejeté.
C'est à vous, s'il vous plaît, que ce discours s'adresse.

*En cet endroit Alceste paraît tout rêveur et*
*semble n'entendre pas qu'Oronte lui parle.*

ALCESTE

À moi, Monsieur?

ORONTE

À vous. Trouvez-vous qu'il vous blesse?

ALCESTE

Non pas; mais la surprise est fort grande pour moi,
Et je n'attendais pas l'honneur que je reçois.

ORONTE

265  L'estime où je vous tiens ne doit point vous surprendre,
Et de tout l'univers vous la pouvez prétendre.

ALCESTE

Monsieur...

ORONTE

L'État[2] n'a rien qui ne soit au-dessous
Du mérite éclatant que l'on découvre en vous.

ALCESTE

Monsieur...

---

1. Mérite, noblesse.
2. Les plus hautes fonctions administratives et politiques.

ORONTE

　　　　Oui, de ma part[1], je vous tiens préférable
270 À tout ce que j'y vois de plus considérable.

ALCESTE

Monsieur…

ORONTE

　　　　Sois-je du ciel écrasé, si je mens !
Et pour vous confirmer ici mes sentiments,
Souffrez qu'à cœur ouvert, Monsieur, je vous embrasse,
Et qu'en votre amitié je vous demande place.
275 Touchez là[2], s'il vous plaît. Vous me la promettez,
Votre amitié ?

ALCESTE

　　　　Monsieur…

ORONTE

　　　　　Quoi ? vous y résistez ?

ALCESTE

Monsieur, c'est trop d'honneur que vous me voulez faire :
Mais l'amitié demande un peu plus de mystère,
Et c'est assurément en profaner le nom
280 Que de vouloir le mettre à toute occasion.
Avec lumière et choix cette union veut naître,
Avant que[3] nous lier, il faut nous mieux connaître ;

　　1. Pour ma part.
　　2. « On a coutume de se toucher dans la main pour conclure un
marché ou en signe de bienveillance » (Furetière).
　　3. Avant de.

Et nous pourrions avoir telles complexions[1]
Que tous deux du marché nous nous repentirions.

#### ORONTE

285 Parbleu ? c'est là-dessus parler en homme sage,
Et je vous en estime encore davantage :
Souffrons donc que le temps forme des nœuds si doux ;
Mais, cependant, je m'offre entièrement à vous :
S'il faut faire à la cour pour vous quelque ouverture,
290 On sait qu'auprès du Roi je fais quelque figure ;
Il m'écoute ; et dans tout, il en use, ma foi !
Le plus honnêtement du monde avecque moi.
Enfin je suis à vous de toutes les manières ;
Et comme votre esprit a de grandes lumières,
295 Je viens, pour commencer entre nous ce beau nœud,
Vous montrer un sonnet que j'ai fait depuis peu,
Et savoir s'il est bon qu'au public je l'expose.

#### ALCESTE

Monsieur, je suis mal propre à décider la chose ;
Veuillez m'en dispenser.

#### ORONTE

Pourquoi ?

#### ALCESTE

J'ai le défaut
300 D'être un peu plus sincère en cela qu'il ne faut.

#### ORONTE

C'est ce que je demande, et j'aurais lieu de plainte,

---

1. Mélanges d'humeur ou caractère d'une personne.

Si, m'exposant à vous pour me parler sans feinte,
Vous alliez me trahir, et me déguiser rien[1].

ALCESTE

Puisqu'il vous plaît ainsi, Monsieur, je le veux bien.

ORONTE

305 *Sonnet…* C'est un sonnet. *L'espoir…* C'est une dame
Qui de quelque espérance avait flatté ma flamme.
*L'espoir…* Ce ne sont point de ces grands vers pompeux[2],
Mais de petits vers doux, tendres et langoureux.

> *À toutes ces interruptions il regarde Alceste.*

ALCESTE

Nous verrons bien.

ORONTE

> *L'espoir…* Je ne sais si le style
310 Pourra vous en paraître assez net et facile,
Et si du choix des mots vous vous contenterez.

ALCESTE

Nous allons voir, Monsieur.

ORONTE

> Au reste, vous saurez
Que je n'ai demeuré qu'un quart d'heure à le faire.

ALCESTE

Voyons, Monsieur ; le temps ne fait rien à l'affaire.

---

1. Valeur positive : quelque chose.
2. Majestueux, du style élevé des tragédies.

### ORONTE

315   *L'espoir, il est vrai, nous soulage,*
      *Et nous berce un temps notre ennui[1] ;*
      *Mais, Philis, le triste avantage,*
      *Lorsque rien ne marche après lui !*

### PHILINTE

Je suis déjà charmé de ce petit morceau.

### ALCESTE

320 Quoi ? vous avez le front de trouver cela beau ?

### ORONTE

      *Vous eûtes de la complaisance ;*
      *Mais vous en deviez moins avoir,*
      *Et ne vous pas mettre en dépense*
      *Pour ne me donner que l'espoir.*

### PHILINTE

325 Ah ! qu'en termes galants[2] ces choses-là sont mises !

### ALCESTE, *bas*

Morbleu ! vil complaisant, vous louez des sottises ?

### ORONTE

      *S'il faut qu'une attente éternelle*
      *Pousse à bout l'ardeur de mon zèle,*
      *Le trépas sera mon recours.*

330   *Vos soins ne m'en peuvent distraire :*
      *Belle Philis, on désespère,*
      *Alors qu'on espère toujours.*

---

1. Chagrin, désespoir.
2. Propres à susciter l'« enjouement », du goût des salons.

#### PHILINTE

La chute[1] en est jolie, amoureuse, admirable.

#### ALCESTE, *bas*

La peste de ta chute ! Empoisonneur au diable[2],
335 En eusses-tu fait une à te casser le nez !

#### PHILINTE

Je n'ai jamais ouï de vers si bien tournés.

#### ALCESTE, *bas*

Morbleu !…

#### ORONTE

Vous me flattez, et vous croyez peut-être…

#### PHILINTE

Non, je ne flatte point.

#### ALCESTE, *bas*

Et que fais-tu donc, traître ?

#### ORONTE

Mais, pour vous, vous savez quel est notre traité :
340 Parlez-moi, je vous prie, avec sincérité.

#### ALCESTE

Monsieur, cette matière est toujours délicate,
Et sur le bel esprit nous aimons qu'on nous flatte.
Mais un jour, à quelqu'un, dont je tairai le nom,

---

1. La pointe, le trait d'esprit par lequel s'achève une phrase, une strophe ou un paragraphe.
2. Au diable : qui mérite d'être envoyé au diable.

Je disais, en voyant des vers de sa façon,
345 Qu'il faut qu'un galant[1] homme ait toujours grand empire
Sur les démangeaisons qui nous prennent d'écrire ;
Qu'il doit tenir la bride aux grands empressements
Qu'on a de faire éclat de tels amusements ;
Et que, par la chaleur[2] de montrer ses ouvrages,
350 On s'expose à jouer de mauvais personnages[3].

ORONTE

Est-ce que vous voulez me déclarer par là
Que j'ai tort de vouloir... ?

ALCESTE

Je ne dis pas cela ;
Mais je lui disais, moi, qu'un froid écrit assomme,
Qu'il ne faut que ce faible à décrier un homme[4],
355 Et qu'eût-on, d'autre part, cent belles qualités,
On regarde les gens par leurs méchants côtés.

ORONTE

Est-ce qu'à mon sonnet vous trouvez à redire ?

ALCESTE

Je ne dis pas cela ; mais, pour ne point écrire[5],
Je lui mettais aux yeux comme, dans notre temps,
360 Cette soif a gâté de fort honnêtes gens.

-----------

1. Un galant est un « homme qui a l'air du monde, qui est poli, qui tâche à plaire, et particulièrement aux dames par ses manières honnêtes et complaisantes » (Furetière).
2. Désir ardent.
3. Des rôles ridicules.
4. Il suffit de cette faiblesse pour rendre un homme ridicule.
5. Pour qu'il n'écrive point.

ORONTE

Est-ce que j'écris mal ? et leur ressemblerais-je ?

ALCESTE

Je ne dis pas cela ; mais enfin, lui disais-je,
Quel besoin si pressant avez-vous de rimer ?
Et qui diantre vous pousse à vous faire imprimer ?
365 Si l'on peut pardonner l'essor d'un mauvais livre,
Ce n'est qu'aux malheureux qui composent pour vivre.
Croyez-moi, résistez à vos tentations,
Dérobez[1] au public ces occupations ;
Et n'allez point quitter, de quoi que l'on vous somme,
370 Le nom que dans la cour vous avez d'honnête homme,
Pour prendre, de la main d'un avide imprimeur,
Celui de ridicule et misérable auteur.
C'est ce que je tâchai de lui faire comprendre.

ORONTE

Voilà qui va fort bien, et je crois vous entendre.
375 Mais ne puis-je savoir ce que dans mon sonnet… ?

ALCESTE

Franchement, il est bon à mettre au cabinet[2].
Vous vous êtes réglé sur de méchants[3] modèles,
Et vos expressions ne sont point naturelles.

        Qu'est-ce que *Nous berce un temps notre ennui* ?
380        Et que *Rien ne marche après lui* ?

---

1. Cachez.
2. Terme polysémique et équivoque : lieu de travail, buffet où l'on met ce qu'on a de précieux mais aussi, comme son sens actuel, « garde-robe ou lieu secret où l'on va aux nécessités de nature » (Furetière).
3. Mauvais.

>           Que *Ne vous pas mettre en dépense,*
>           *Pour ne me donner que l'espoir?*
>           Et que *Philis, on désespère,*
>           *Alors qu'on espère toujours?*

385 Ce style figuré, dont on fait vanité,
    Sort du bon caractère et de la vérité :
    Ce n'est que jeux de mots, qu'affectation pure,
    Et ce n'est point ainsi que parle la nature.
    Le méchant goût du siècle, en cela, me fait peur.
390 Nos pères, tous grossiers[1], l'avaient beaucoup meilleur,
    Et je prise bien moins tout ce que l'on admire,
    Qu'une vieille chanson que je m'en vais vous dire :

>           *Si le Roi m'avait donné*
>           *Paris, sa grand'ville,*
395 >         *Et qu'il me fallût quitter*
>           *L'amour de ma mie,*
>           *Je dirais au roi Henri :*
>           *«Reprenez votre Paris :*
>           *J'aime mieux ma mie, au gué!*
400 >         *J'aime mieux ma mie.»*

La rime n'est pas riche, et le style en est vieux :
Mais ne voyez-vous pas que cela vaut bien mieux
Que ces colifichets[2], dont le bon sens murmure,
Et que la passion parle là toute pure?

405 >         *Si le Roi m'avait donné*
>           *Paris, sa grand'ville,*
>           *Et qu'il me fallût quitter*

---

1. Bien qu'ils fussent mal dégrossis, aux manières peu raffinées.
2. Petites choses inutiles et clinquantes.

> L'amour de ma mie,
> Je dirais au roi Henri :
410 > « Reprenez votre Paris :
> J'aime mieux ma mie, au gué !
> J'aime mieux ma mie. »

Voilà ce que peut dire un cœur vraiment épris.

*À Philinte.*

Oui, Monsieur le rieur, malgré vos beaux esprits,
415 J'estime plus cela que la pompe fleurie
De tous ces faux brillants, où chacun se récrie[1].

#### ORONTE

Et moi, je vous soutiens que mes vers sont fort bons.

#### ALCESTE

Pour les trouver ainsi vous avez vos raisons ;
Mais vous trouverez bon que j'en puisse avoir d'autres,
420 Qui se dispenseront de se soumettre aux vôtres.

#### ORONTE

Il me suffit de voir que d'autres en font cas.

#### ALCESTE

C'est qu'ils ont l'art de feindre ; et moi, je ne l'ai pas.

#### ORONTE

Croyez-vous donc avoir tant d'esprit en partage ?

#### ALCESTE

Si je louais vos vers, j'en aurais davantage.

---

1. À propos desquels tous poussent des cris d'admiration.

ORONTE

425 Je me passerai bien que vous les approuviez.

ALCESTE

Il faut bien, s'il vous plaît, que vous vous en passiez.

ORONTE

Je voudrais bien, pour voir, que, de votre manière,
Vous en composassiez sur la même matière.

ALCESTE

J'en pourrais, par malheur, faire d'aussi méchants
430 Mais je me garderais de les montrer aux gens.

ORONTE

Vous me parlez bien ferme, et cette suffisance…

ALCESTE

Autre part que chez moi cherchez qui vous encense.

ORONTE

Mais, mon petit Monsieur, prenez-le un peu moins haut.

ALCESTE

Ma foi ! mon grand Monsieur, je le prends comme il faut.

PHILINTE, *se mettant entre deux*

435 Eh ! Messieurs, c'en est trop : laissez cela, de grâce.

ORONTE

Ah ! j'ai tort, je l'avoue, et je quitte la place.
Je suis votre valet[1], Monsieur, de tout mon cœur.

---

1. Formule de salutation, ici déplacée car employée surtout par la
bourgeoisie.

#### ALCESTE

Et moi, je suis, Monsieur, votre humble serviteur.

# Scène 3

### PHILINTE, ALCESTE

#### PHILINTE

Hé bien ! vous le voyez : pour être trop sincère,
440 Vous voilà sur les bras une fâcheuse affaire,
Et j'ai bien vu qu'Oronte, afin d'être flatté…

#### ALCESTE

Ne me parlez pas.

#### PHILINTE

                    Mais…

#### ALCESTE

                    Plus de société[1].

#### PHILINTE

C'est trop…

#### ALCESTE

            Laissez-moi là.

---

1. Laissez-moi seul.

PHILINTE

Si je…

ALCESTE

Point de langage.

PHILINTE

Mais quoi…?

ALCESTE

Je n'entends rien.

PHILINTE

Mais…

ALCESTE

Encore?

PHILINTE

On outrage…

ALCESTE

445 Ah, parbleu! c'en est trop; ne suivez point mes pas.

PHILINTE

Vous vous moquez de moi, je ne vous quitte pas.

# Acte II

## Scène I

### ALCESTE, CÉLIMÈNE

#### ALCESTE

Madame, voulez-vous que je vous parle net ?
De vos façons d'agir je suis mal satisfait ;
Contre elles dans mon cœur trop de bile s'assemble,
450 Et je sens qu'il faudra que nous rompions ensemble.
Oui, je vous tromperais de parler autrement ;
Tôt ou tard nous romprons indubitablement ;
Et je vous promettrais mille fois le contraire,
Que je ne serais pas en pouvoir de le faire.

#### CÉLIMÈNE

455 C'est pour me quereller donc, à ce que je vois[1],
Que vous avez voulu me ramener chez moi ?

---

ALCESTE

Je ne querelle point ; mais votre humeur, Madame,
Ouvre au premier venu trop d'accès dans votre âme :
Vous avez trop d'amants[1] qu'on voit vous obséder[2],
460 Et mon cœur de cela ne peut s'accommoder.

CÉLIMÈNE

Des amants que je fais me rendez-vous coupable ?
Puis-je empêcher les gens de me trouver aimable ?
Et lorsque pour me voir ils font de doux efforts,
Dois-je prendre un bâton pour les mettre dehors ?

ALCESTE

465 Non, ce n'est pas, Madame, un bâton qu'il faut prendre,
Mais un cœur à leurs vœux moins facile et moins tendre.
Je sais que vos appas[3] vous suivent en tous lieux ;
Mais votre accueil retient ceux qu'attirent vos yeux ;
Et sa douceur offerte à qui vous rend les armes
470 Achève sur les cœurs l'ouvrage de vos charmes.
Le trop riant espoir que vous leur présentez
Attache autour de vous leurs assiduités ;
Et votre complaisance un peu moins étendue
De tant de soupirants chasserait la cohue.
475 Mais au moins dites-moi, Madame, par quel sort
Votre Clitandre a l'heur[4] de vous plaire si fort ?
Sur quel fonds de mérite et de vertu sublime
Appuyez-vous en lui l'honneur de votre estime ?
Est-ce par l'ongle long qu'il porte au petit doigt[5]

_____

1. Qui aiment et désirent être aimés, amoureux.
2. Assiéger, entourer.
3. Attraits, charme.
4. Bonheur.
5. Quintessence de la mode pour les jeunes gens galants des années 1660.

480 Qu'il s'est acquis chez vous l'estime où l'on le voit ?
Vous êtes-vous rendue, avec tout le beau monde,
Au mérite éclatant de sa perruque blonde ?
Sont-ce ses grands canons[1] qui vous le font aimer ?
L'amas de ses rubans a-t-il su vous charmer ?
485 Est-ce par les appas de sa vaste rhingrave[2]
Qu'il a gagné votre âme en faisant votre esclave ?
Ou sa façon de rire et son ton de fausset
Ont-ils de vous toucher su trouver le secret ?

#### CÉLIMÈNE

Qu'injustement de lui vous prenez de l'ombrage !
490 Ne savez-vous pas bien pourquoi je le ménage,
Et que dans mon procès, ainsi qu'il m'a promis,
Il peut intéresser tout ce qu'il a d'amis ?

#### ALCESTE

Perdez votre procès, Madame, avec constance,
Et ne ménagez point un rival qui m'offense.

#### CÉLIMÈNE

495 Mais de tout l'univers vous devenez jaloux.

#### ALCESTE

C'est que tout l'univers est bien reçu de vous.

#### CÉLIMÈNE

C'est ce qui doit rasseoir votre âme effarouchée,
Puisque ma complaisance est sur tous épanchée ;
Et vous auriez plus lieu de vous en offenser,
500 Si vous me la voyiez sur un seul ramasser.

---

1. Ornements de dentelle attachés aux bas ou à la culotte.
2. Vaste culotte de cheval.

ALCESTE

Mais moi, que vous blâmez de trop de jalousie,
Qu'ai-je de plus qu'eux tous, Madame, je vous prie ?

CÉLIMÈNE

Le bonheur de savoir que vous êtes aimé.

ALCESTE

Et quel lieu de le croire a mon cœur enflammé ?

CÉLIMÈNE

505 Je pense qu'ayant pris le soin de vous le dire,
Un aveu de la sorte a de quoi vous suffire.

ALCESTE

Mais qui m'assurera que, dans le même instant,
Vous n'en disiez peut-être aux autres tout autant ?

CÉLIMÈNE

Certes, pour un amant, la fleurette[1] est mignonne,
510 Et vous me traitez là de gentille personne[2].
Hé bien ! pour vous ôter d'un semblable souci,
De tout ce que j'ai dit je me dédis ici,
Et rien ne saurait plus vous tromper que vous-même :
Soyez content.

ALCESTE

                    Morbleu ! faut-il que je vous aime ?

_____

1. Compliment galant.
2. Ironiquement, «gentil se prend quelquefois en mauvaise part avec certains mots comme : vous êtes un *gentil* compagnon ; vous jouez un *gentil* personnage, pour dire : vous faites un vilain métier » (Furetière).

515 Ah! que si de vos mains je rattrape mon cœur,
Je bénirai le Ciel de ce rare bonheur!
Je ne le cèle pas, je fais tout mon possible
À rompre de ce cœur l'attachement terrible;
Mais mes plus grands efforts n'ont rien fait jusqu'ici,
520 Et c'est pour mes péchés[1] que je vous aime ainsi.

### CÉLIMÈNE

Il est vrai, votre ardeur est pour moi sans seconde[2].

### ALCESTE

Oui, je puis là-dessus défier tout le monde.
Mon amour ne se peut concevoir, et jamais
Personne n'a, Madame, aimé comme je fais.

### CÉLIMÈNE

525 En effet, la méthode en est toute nouvelle,
Car vous aimez les gens pour leur faire querelle;
Ce n'est qu'en mots fâcheux qu'éclate votre ardeur,
Et l'on n'a vu jamais un amour si grondeur.

### ALCESTE

Mais il ne tient qu'à vous que son chagrin ne passe.
530 À tous nos démêlés coupons chemin, de grâce,
Parlons à cœur ouvert, et voyons d'arrêter...

---

1. Pour expier mes péchés.
2. Sans pareille, extraordinaire.

# Scène 2

## CÉLIMÈNE, ALCESTE, BASQUE

#### CÉLIMÈNE

Qu'est-ce ?

#### BASQUE

Acaste est là-bas.

#### CÉLIMÈNE

Hé bien ! faites monter.

#### ALCESTE

Quoi ? l'on ne peut jamais vous parler tête à tête ?
À recevoir le monde on vous voit toujours prête ?
535 Et vous ne pouvez pas, un seul moment de tous,
Vous résoudre à souffrir de n'être pas chez vous[1] ?

#### CÉLIMÈNE

Voulez-vous qu'avec lui je me fasse une affaire ?

#### ALCESTE

Vous avez des regards qui ne sauraient me plaire.

#### CÉLIMÈNE

C'est un homme à jamais ne me le pardonner,
540 S'il savait que sa vue eût pu m'importuner.

---

1. À faire dire que vous n'êtes pas chez vous. L'usage étant de prononcer la dernière lettre du vers, « vous » rime avec « tous ».

### ALCESTE

Et que vous fait cela, pour vous gêner de sorte… ?

### CÉLIMÈNE

Mon Dieu ! de ses pareils la bienveillance importe ;
Et ce sont de ces gens qui, je ne sais comment,
Ont gagné dans la cour de parler hautement.
545 Dans tous les entretiens on les voit s'introduire ;
Ils ne sauraient servir, mais ils peuvent vous nuire ;
Et jamais, quelque appui qu'on puisse avoir d'ailleurs,
On ne doit se brouiller avec ces grands brailleurs[1].

### ALCESTE

Enfin, quoi qu'il en soit, et sur quoi qu'on se fonde,
550 Vous trouvez des raisons pour souffrir tout le monde ;
Et les précautions de votre jugement…

## Scène 3

### BASQUE, ALCESTE, CÉLIMÈNE

### BASQUE

Voici Clitandre encor, Madame.

ALCESTE. *Il témoigne s'en vouloir aller*

Justement.

---

1. « Qui parle hautement et avec liberté de toute chose » (Furetière).

CÉLIMÈNE

Où courez-vous?

ALCESTE

Je sors.

CÉLIMÈNE

Demeurez.

ALCESTE

Pour quoi faire?

CÉLIMÈNE

Demeurez.

ALCESTE

Je ne puis.

CÉLIMÈNE

Je le veux.

ALCESTE

Point d'affaire[1].
555 Ces conversations ne font que m'ennuyer,
Et c'est trop que vouloir me les faire essuyer.

CÉLIMÈNE

Je le veux, je le veux.

ALCESTE

Non, il m'est impossible.

_____

1. C'est inutile.

CÉLIMÈNE

Hé bien ! allez, sortez, il vous est tout loisible.

# Scène 4

### ÉLIANTE, PHILINTE, ACASTE, CLITANDRE, ALCESTE, CÉLIMÈNE, BASQUE

ÉLIANTE

Voici les deux marquis qui montent avec nous :
560 Vous l'est-on venu dire ?

CÉLIMÈNE

Oui. Des sièges pour tous

*À Alceste.*

Vous n'êtes pas sorti ?

ALCESTE

Non ; mais je veux, Madame,
Ou pour eux, ou pour moi, faire expliquer votre âme.

CÉLIMÈNE

Taisez-vous.

ALCESTE

Aujourd'hui vous vous expliquerez.

CÉLIMÈNE

Vous perdez le sens[1].

ALCESTE

Point. Vous vous déclarerez.

CÉLIMÈNE

565 Ah !

ALCESTE

Vous prendrez parti.

CÉLIMÈNE

Vous vous moquez, je pense.

ALCESTE

Non, mais vous choisirez : c'est trop de patience.

CLITANDRE

Parbleu ! je viens du Louvre, où Cléonte, au levé[2],
Madame, a bien paru ridicule achevé[3].
N'a-t-il point quelque ami qui pût, sur ses manières,
570 D'un charitable avis lui prêter les lumières ?

CÉLIMÈNE

Dans le monde, à vrai dire, il se barbouille[4] fort ;
Partout il porte un air qui saute aux yeux d'abord ;
Et lorsqu'on le revoit après un peu d'absence,
On le retrouve encor plus plein d'extravagance.

_____

1. La raison.
2. Le petit lever du roi, auquel les officiers de la chambre du roi
ont l'honneur d'assister : Clitandre se présente ainsi comme un
personnage de premier plan à la Cour.
3. Absolument ridicule.
4. Il se perd de réputation.

ACASTE

575 Parbleu ! s'il faut parler de gens extravagants,
Je viens d'en essuyer un des plus fatigants :
Damon, le raisonneur, qui m'a, ne vous déplaise,
Une heure, au grand soleil, tenu hors de ma chaise[1].

CÉLIMÈNE

C'est un parleur étrange, et qui trouve toujours
580 L'art de ne vous rien dire avec de grands discours ;
Dans les propos qu'il tient, on ne voit jamais goutte,
Et ce n'est que du bruit que tout ce qu'on écoute.

ÉLIANTE, *à Philinte*

Ce début n'est pas mal ; et contre le prochain
La conversation prend un assez bon train.

CLITANDRE

585 Timante encor, Madame, est un bon caractère[2].

CÉLIMÈNE

C'est de la tête aux pieds un homme tout mystère,
Qui vous jette en passant un coup d'œil égaré,
Et, sans aucune affaire, est toujours affairé.
Tout ce qu'il vous débite en grimaces abonde ;
590 À force de façons, il assomme le monde ;
Sans cesse, il a, tout bas, pour rompre l'entretien,
Un secret à vous dire, et ce secret n'est rien ;
De la moindre vétille il fait une merveille,
Et jusques au bonjour, il dit tout à l'oreille.

---

1. Chaise à porteurs ou véhicule léger.
2. Type caractérisé.

### ACASTE

595 Et Géralde, Madame?

### CÉLIMÈNE

                    Ô l'ennuyeux conteur!
Jamais on ne le voit sortir du grand seigneur;
Dans le brillant commerce[1] il se mêle sans cesse,
Et ne cite jamais que duc, prince ou princesse:
La qualité l'entête, et tous ses entretiens
600 Ne sont que de chevaux, d'équipage et de chiens;
Il tutaye en parlant ceux du plus haut étage,
Et le nom de Monsieur est chez lui hors d'usage.

### CLITANDRE

On dit qu'avec Bélise il est du dernier bien.

### CÉLIMÈNE

Le pauvre esprit de femme, et le sec entretien!
605 Lorsqu'elle vient me voir, je souffre le martyre:
Il faut suer sans cesse à chercher que lui dire,
Et la stérilité de son expression
Fait mourir à tous coups la conversation.
En vain, pour attaquer son stupide silence,
610 De tous les lieux communs vous prenez l'assistance:
Le beau temps et la pluie, et le froid et le chaud
Sont des fonds qu'avec elle on épuise bientôt.
Cependant sa visite, assez insupportable,
Traîne en une longueur encore épouvantable;
615 Et l'on demande l'heure, et l'on bâille vingt fois,
Qu'elle grouille aussi peu qu'une pièce de bois.

----

1. Relations sociales.

### ACASTE

Que vous semble d'Adraste?

### CÉLIMÈNE

Ah! quel orgueil extrême!
C'est un homme gonflé de l'amour de soi-même.
Son mérite jamais n'est content de la cour:
620 Contre elle il fait métier de pester chaque jour,
Et l'on ne donne emploi, charge ni bénéfice[1],
Qu'à tout ce qu'il se croit on ne fasse injustice.

### CLITANDRE

Mais le jeune Cléon, chez qui vont aujourd'hui
Nos plus honnêtes gens, que dites-vous de lui?

### CÉLIMÈNE

625 Que de son cuisinier il s'est fait un mérite,
Et que c'est à sa table à qui l'on rend visite.

### ÉLIANTE

Il prend soin d'y servir des mets fort délicats.

### CÉLIMÈNE

Oui, mais je voudrais bien qu'il ne s'y servît pas:
C'est un fort méchant plat que sa sotte personne,
630 Et qui gâte, à mon goût, tous les repas qu'il donne.

### PHILINTE

On fait assez de cas de son oncle Damis:
Qu'en dites-vous, Madame?

---

1. Patrimoine attaché à une dignité ecclésiastique.

CÉLIMÈNE

Il est de mes amis.

PHILINTE

Je le trouve honnête homme, et d'un air assez sage.

CÉLIMÈNE

Oui ; mais il veut avoir trop d'esprit, dont[1] j'enrage ;
635 Il est guindé sans cesse ; et dans tous ses propos,
On voit qu'il se travaille à dire de bons mots.
Depuis que dans la tête il s'est mis d'être habile[2],
Rien ne touche son goût, tant il est difficile ;
Il veut voir des défauts à tout ce qu'on écrit,
640 Et pense que louer n'est pas d'un bel esprit,
Que c'est être savant que trouver à redire,
Qu'il n'appartient qu'aux sots d'admirer et de rire,
Et qu'en n'approuvant rien des ouvrages du temps,
Il se met au-dessus de tous les autres gens ;
645 Aux conversations même il trouve à reprendre :
Ce sont propos trop bas pour y daigner descendre ;
Et les deux bras croisés, du haut de son esprit
Il regarde en pitié tout ce que chacun dit.

ACASTE

Dieu me damne, voilà son portrait véritable.

CLITANDRE

650 Pour bien peindre les gens vous êtes admirable.

---

1. Ce dont.
2. Savant.

### ALCESTE

Allons, ferme, poussez[1], mes bons amis de cour ;
Vous n'en épargnez point, et chacun a son tour :
Cependant aucun d'eux à vos yeux ne se montre,
Qu'on ne vous voie, en hâte, aller à sa rencontre,
655 Lui présenter la main, et d'un baiser flatteur
Appuyer les serments d'être son serviteur.

### CLITANDRE

Pourquoi s'en prendre à nous ? Si ce qu'on dit vous blesse,
Il faut que le reproche à Madame s'adresse.

### ALCESTE

Non, morbleu ! c'est à vous ; et vos ris[2] complaisants
660 Tirent de son esprit tous ces traits médisants.
Son humeur satirique est sans cesse nourrie
Par le coupable encens de votre flatterie ;
Et son cœur à railler trouverait moins d'appas,
S'il avait observé qu'on ne l'applaudît pas.
665 C'est ainsi qu'aux flatteurs on doit partout se prendre
Des vices où l'on voit les humains se répandre[3].

### PHILINTE

Mais pourquoi pour ces gens un intérêt si grand,
Vous qui condamneriez ce qu'en eux on reprend ?

### CÉLIMÈNE

Et ne faut-il pas bien que Monsieur contredise ?
670 À la commune voix veut-on qu'il se réduise,

---

1. Continuez.
2. Rires.
3. On doit s'en prendre aux flatteurs des vices où l'on voit tomber les humains.

Et qu'il ne fasse pas éclater en tous lieux
L'esprit contrariant qu'il a reçu des cieux ?
Le sentiment d'autrui n'est jamais pour lui plaire ;
Il prend toujours en main l'opinion contraire,
675 Et penserait paraître un homme du commun,
Si l'on voyait qu'il fût de l'avis de quelqu'un.
L'honneur de contredire a pour lui tant de charmes,
Qu'il prend contre lui-même assez souvent les armes ;
Et ses vrais sentiments sont combattus par lui,
680 Aussitôt qu'il les voit dans la bouche d'autrui.

### ALCESTE

Les rieurs sont pour vous, Madame, c'est tout dire,
Et vous pouvez pousser contre moi la satire.

### PHILINTE

Mais il est véritable aussi que votre esprit
Se gendarme toujours contre tout ce qu'on dit,
685 Et que, par un chagrin que lui-même il avoue,
Il ne saurait souffrir qu'on blâme, ni qu'on loue.

### ALCESTE

C'est que jamais, morbleu ! les hommes n'ont raison,
Que le chagrin contre eux est toujours de saison,
Et que je vois qu'ils sont, sur toutes les affaires,
690 Loueurs impertinents[1], ou censeurs téméraires.

### CÉLIMÈNE

Mais...

### ALCESTE

Non, Madame, non : quand je devrais mourir,

---

1. Impertinent : qui ne parle pas selon la raison, sot.

Vous avez des plaisirs que je ne puis souffrir ;
Et l'on a tort ici de nourrir dans votre âme
Ce grand attachement aux défauts qu'on y blâme.

### CLITANDRE

695 Pour moi, je ne sais pas, mais j'avouerai tout haut
Que j'ai cru jusqu'ici Madame sans défaut.

### ACASTE

De grâces et d'attraits je vois qu'elle est pourvue ;
Mais les défauts qu'elle a ne frappent point ma vue.

### ALCESTE

Ils frappent tous la mienne ; et loin de m'en cacher,
700 Elle sait que j'ai soin de les lui reprocher.
Plus on aime quelqu'un, moins il faut qu'on le flatte ;
À ne rien pardonner le pur amour éclate ;
Et je bannirais, moi, tous ces lâches amants
Que je verrais soumis à tous mes sentiments,
705 Et dont, à tous propos, les molles complaisances
Donneraient de l'encens à mes extravagances.

### CÉLIMÈNE

Enfin, s'il faut qu'à vous s'en rapportent les cœurs,
On doit, pour bien aimer, renoncer aux douceurs,
Et du parfait amour mettre l'honneur suprême
710 À bien injurier les personnes qu'on aime.

### ÉLIANTE

L'amour, pour l'ordinaire, est peu fait à ces lois,
Et l'on voit les amants vanter toujours leur choix ;
Jamais leur passion n'y voit rien de blâmable,
Et dans l'objet aimé tout leur devient aimable :
715 Ils comptent les défauts pour des perfections,

Et savent y donner de favorables noms.
La pâle est aux jasmins en blancheur comparable ;
La noire¹ à faire peur, une brune adorable ;
La maigre a de la taille et de la liberté ;
720 La grasse est dans son port pleine de majesté ;
La malpropre sur soi, de peu d'attraits chargée,
Est mise sous le nom de beauté négligée ;
La géante paraît une déesse aux yeux ;
La naine, un abrégé des merveilles des cieux ;
725 L'orgueilleuse a le cœur digne d'une couronne ;
La fourbe a de l'esprit ; la sotte est toute bonne ;
La trop grande parleuse est d'agréable humeur ;
Et la muette garde une honnête pudeur.
C'est ainsi qu'un amant dont l'ardeur est extrême
730 Aime jusqu'aux défauts des personnes qu'il aime.

ALCESTE

Et moi, je soutiens, moi…

CÉLIMÈNE

           Brisons là ce discours,
Et dans la galerie² allons faire deux tours.
Quoi ? vous vous en allez, Messieurs ?

CLITANDRE et ACASTE

                Non pas, Madame.

ALCESTE

La peur de leur départ occupe fort votre âme.

---

1. Au teint mat, au visage halé, contraire aux canons esthétiques de l'époque qui prisent la blancheur de la peau.
2. « Lieu couvert d'une demeure plus long que large, qui est ordinairement sur les ailes, où l'on se promène » (Furetière).

735 Sortez quand vous voudrez, Messieurs ; mais j'avertis
Que je ne sors qu'après que vous serez sortis.

### ACASTE

À moins de voir Madame en être importunée,
Rien ne m'appelle ailleurs de toute la journée.

### CLITANDRE

Moi, pourvu que je puisse être au petit couché[1],
740 Je n'ai point d'autre affaire où je sois attaché.

### CÉLIMÈNE

C'est pour rire, je crois.

### ALCESTE

Non, en aucune sorte :
Nous verrons si c'est moi que vous voudrez qui sorte.

## Scène 5

### BASQUE, ALCESTE, CÉLIMÈNE, ÉLIANTE,
### ACASTE, PHILINTE, CLITANDRE

### BASQUE

Monsieur, un homme est là qui voudrait vous parler,
Pour affaire, dit-il, qu'on ne peut reculer.

---

1. Le petit coucher du roi, auquel seules quelques personnes de
haute importance ont l'honneur d'assister.

### ALCESTE

745 Dis-lui que je n'ai point d'affaires si pressées.

### BASQUE

Il porte une jaquette à grand'basques plissées,
Avec du dor[1] dessus.

### CÉLIMÈNE

Allez voir ce que c'est,
Ou bien faites-le entrer.

### ALCESTE

Qu'est-ce donc qu'il vous plaît ?
Venez, Monsieur.

# Scène 6

### GARDE, ALCESTE, CÉLIMÈNE, ÉLIANTE,
### ACASTE, PHILINTE, CLITANDRE

### GARDE

Monsieur, j'ai deux mots à vous dire.

### ALCESTE

750 Vous pouvez parler haut, Monsieur, pour m'en instruire.

---

1. Du doré.

GARDE

Messieurs les Maréchaux[1], dont j'ai commandement,
Vous mandent de venir les trouver promptement,
Monsieur.

ALCESTE

Qui ? moi, Monsieur ?

GARDE

Vous-même.

ALCESTE

Et pour quoi faire ?

PHILINTE

C'est d'Oronte et de vous la ridicule affaire.

CÉLIMÈNE

755 Comment ?

PHILINTE

Oronte et lui se sont tantôt bravés
Sur certains petits vers, qu'il n'a pas approuvés ;
Et l'on veut assoupir la chose en sa naissance.

ALCESTE

Moi, je n'aurai jamais de lâche complaisance.

PHILINTE

Mais il faut suivre l'ordre : allons, disposez-vous...

---

1. Grands officiers de la noblesse qui avaient pour fonction d'intervenir afin d'éviter les duels et de régler les affaires d'honneur entre gentilshommes par la conciliation.

ALCESTE

760 Quel accommodement veut-on faire entre nous ?
La voix de ces Messieurs me condamnera-t-elle
À trouver bons les vers qui font notre querelle ?
Je ne me dédis point de ce que j'en ai dit,
Je les trouve méchants.

PHILINTE

Mais, d'un plus doux esprit...

ALCESTE

765 Je n'en démordrai point : les vers sont exécrables.

PHILINTE

Vous devez faire voir des sentiments traitables.
Allons, venez.

ALCESTE

J'irai ; mais rien n'aura pouvoir
De me faire dédire.

PHILINTE

Allons vous faire voir.

ALCESTE

Hors qu'un commandement exprès du Roi me vienne
770 De trouver bons les vers dont on se met en peine,
Je soutiendrai toujours, morbleu ! qu'ils sont mauvais,
Et qu'un homme est pendable après les avoir faits.

À *Clitandre et Acaste, qui rient.*

Par la sangbleu ! Messieurs, je ne croyais pas être
Si plaisant que je suis.

CÉLIMÈNE

Allez vite paraître

775 Où vous devez.

ALCESTE

J'y vais, Madame, et sur mes pas
Je reviens en ce lieu, pour vider[1] nos débats.

---

1. Régler notre différend.

# Acte III

## Scène I

### CLITANDRE, ACASTE

#### CLITANDRE

Cher Marquis, je te vois l'âme bien satisfaite :
Toute chose t'égaye, et rien ne t'inquiète.
En bonne foi, crois-tu, sans t'éblouir les yeux,
780 Avoir de grands sujets de paraître joyeux ?

#### ACASTE

Parbleu ! je ne vois pas, lorsque je m'examine,
Où prendre aucun sujet d'avoir l'âme chagrine.
J'ai du bien, je suis jeune, et sors d'une maison
Qui se peut dire noble avec quelque raison ;
785 Et je crois, par le rang que me donne ma race,
Qu'il est fort peu d'emplois dont je ne sois en passe[1].
Pour le cœur[2], dont sur tout nous devons faire cas,

---

1. Que je ne sois proche d'obtenir.
2. Courage.

On sait, sans vanité, que je n'en manque pas,
Et l'on m'a vu pousser, dans le monde, une affaire
790 D'une assez vigoureuse et gaillarde manière.
Pour de l'esprit, j'en ai sans doute, et du bon goût
À juger sans étude[1] et raisonner de tout,
À faire aux nouveautés, dont je suis idolâtre,
Figure de savant sur les bancs du théâtre[2],
795 Y décider en chef, et faire du fracas
À tous les beaux endroits qui méritent des has[3].
Je suis assez adroit[4] ; j'ai bon air, bonne mine,
Les dents belles surtout, et la taille fort fine.
Quant à se mettre bien[5], je crois, sans me flatter,
800 Qu'on serait mal venu de me le disputer.
Je me vois dans l'estime autant qu'on y puisse être,
Fort aimé du beau sexe, et bien auprès du maître[6].
Je crois qu'avec cela, mon cher Marquis, je crois[7]
Qu'on peut, par tout pays, être content de soi.

### CLITANDRE

805 Oui ; mais, trouvant ailleurs des conquêtes faciles,
Pourquoi pousser ici des soupirs inutiles ?

### ACASTE

Moi ? Parbleu ! je ne suis de taille ni d'humeur
À pouvoir d'une belle essuyer la froideur.

---

1. Sans avoir étudié.
2. Bancs situés sur la scène même, réservés aux spectateurs de qualité qui sont fortunés et aiment s'y faire voir.
3. Pluriel appelé par la rime. La mode est de témoigner bruyamment son admiration pour les beaux passages d'une pièce.
4. D'un esprit délicat, habile et subtil.
5. S'habiller avec élégance.
6. Le Roi.
7. Crois doit rimer avec soi : dans une édition de l'époque « crois » s'écrit sans « s ».

C'est aux gens mal tournés, aux mérites vulgaires,
810 À brûler constamment pour les beautés sévères,
À languir à leurs pieds et souffrir leurs rigueurs,
À chercher le secours des soupirs et des pleurs,
Et tâcher, par des soins d'une très longue suite,
D'obtenir ce qu'on nie[1] à leur peu de mérite.
815 Mais les gens de mon air, Marquis, ne sont pas faits
Pour aimer à crédit[2], et faire tous les frais.
Quelque rare que soit le mérite des belles,
Je pense, Dieu merci! qu'on vaut son prix comme elles,
Que pour se faire honneur d'un cœur comme le mien,
820 Ce n'est pas la raison[3] qu'il ne leur coûte rien,
Et qu'au moins, à tout mettre en de justes balances,
Il faut qu'à frais communs se fassent les avances.

### CLITANDRE

Tu penses donc, Marquis, être fort bien ici[4]?

### ACASTE

J'ai quelque lieu, Marquis, de le penser ainsi.

### CLITANDRE

825 Crois-moi, détache-toi de cette erreur extrême;
Tu te flattes, mon cher, et t'aveugles toi-même.

### ACASTE

Il est vrai, je me flatte et m'aveugle en effet.

---

1. Refuse.
2. Sans être payé de retour.
3. Il n'est pas raisonnable.
4. Être reçu favorablement (par Célimène).

CLITANDRE

Mais qui te fait juger ton bonheur si parfait?

ACASTE

Je me flatte.

CLITANDRE

Sur quoi fonder tes conjectures?

ACASTE

830 Je m'aveugle.

CLITANDRE

En as-tu des preuves qui soient sûres?

ACASTE

Je m'abuse, te dis-je.

CLITANDRE

Est-ce que de ses vœux[1]
Célimène t'a fait quelques secrets aveux?

ACASTE

Non, je suis maltraité.

CLITANDRE

Réponds-moi, je t'en prie.

ACASTE

Je n'ai que des rebuts[2].

---

1. Hommages, soin amoureux.
2. Rebuffades, dédain.

### CLITANDRE

Laissons la raillerie,
835 Et me dis quel espoir on peut t'avoir donné.

### ACASTE

Je suis le misérable, et toi le fortuné :
On a pour ma personne une aversion grande,
Et quelqu'un de ces jours il faut que je me pende.

### CLITANDRE

Ô çà, veux-tu, Marquis, pour ajuster nos vœux,
840 Que nous tombions d'accord d'une chose tous deux ?
Que qui pourra montrer une marque certaine
D'avoir meilleure part au cœur de Célimène,
L'autre ici fera place au vainqueur prétendu,
Et le délivrera d'un rival assidu ?

### ACASTE

845 Ah, parbleu ! tu me plais avec un tel langage,
Et du bon de mon cœur à cela je m'engage.
Mais, chut !

# Scène 2

### CÉLIMÈNE, ACASTE, CLITANDRE

### CÉLIMÈNE

Encore ici ?

CLITANDRE

L'amour retient nos pas.

CÉLIMÈNE

Je viens d'ouïr entrer un carrosse là-bas[1].
Savez-vous qui c'est?

CLITANDRE

Non.

## Scène 3

### BASQUE, CÉLIMÈNE, ACASTE, CLITANDRE

BASQUE

Arsinoé, Madame,
850 Monte ici pour vous voir.

CÉLIMÈNE

Que me veut cette femme?

BASQUE

Éliante là-bas est à l'entretenir.

CÉLIMÈNE

De quoi s'avise-t-elle et qui la fait venir?

---

1. En bas, dans la cour.

ACASTE

Pour prude consommée en tous lieux elle passe,
Et l'ardeur de son zèle[1]...

CÉLIMÈNE

                    Oui, oui, franche grimace :
855 Dans l'âme elle est du monde, et ses soins tentent tout
Pour accrocher quelqu'un, sans en venir à bout.
Elle ne saurait voir qu'avec un œil d'envie
Les amants déclarés dont une autre est suivie ;
Et son triste mérite, abandonné de tous,
860 Contre le siècle aveugle est toujours en courroux.
Elle tâche à couvrir d'un faux voile de prude
Ce que chez elle on voit d'affreuse solitude ;
Et pour sauver l'honneur de ses faibles appas,
Elle attache du crime au pouvoir qu'ils n'ont pas.
865 Cependant un amant plairait fort à la dame,
Et même pour Alceste elle a tendresse d'âme.
Ce qu'il me rend de soins outrage ses attraits,
Elle veut que ce soit un vol que je lui fais ;
Et son jaloux dépit, qu'avec peine elle cache,
870 En tous endroits, sous main, contre moi se détache[2].
Enfin je n'ai rien vu de si sot à mon gré,
Elle est impertinente au suprême degré,
Et...

---

1. Ferveur religieuse.
2. Se déchaîne.

## Scène 4

ARSINOÉ, CÉLIMÈNE

CÉLIMÈNE

Ah ! quel heureux sort en ce lieu vous amène ?
Madame, sans mentir, j'étais de vous en peine.

ARSINOÉ

875 Je viens pour quelque avis que j'ai cru vous devoir.

CÉLIMÈNE

Ah, mon Dieu ! que je suis contente de vous voir !

ARSINOÉ

Leur départ[1] ne pouvait plus à propos se faire.

CÉLIMÈNE

Voulons-nous nous asseoir ?

ARSINOÉ

                Il n'est pas nécessaire,
Madame. L'amitié doit surtout éclater
880 Aux choses qui le plus nous peuvent importer ;
Et comme il n'en est point de plus grande importance
Que celles de l'honneur et de la bienséance,
Je viens, par un avis qui touche votre honneur,
Témoigner l'amitié que pour vous a mon cœur.

---

1. Acaste et Clitandre ont quitté la scène à l'arrivée d'Arsinoé.

885 Hier[1] j'étais chez des gens de vertu singulière,
    Où sur vous du discours on tourna la matière ;
    Et là, votre conduite, avec ses grands éclats,
    Madame, eut le malheur qu'on ne la loua pas.
    Cette foule de gens dont vous souffrez visite,
890 Votre galanterie[2], et les bruits qu'elle excite
    Trouvèrent des censeurs[3] plus qu'il n'aurait fallu,
    Et bien plus rigoureux que je n'eusse voulu.
    Vous pouvez bien penser quel parti je sus prendre :
    Je fis ce que je pus pour vous pouvoir défendre,
895 Je vous excusai fort sur votre intention,
    Et voulus de votre âme être la caution.
    Mais vous savez qu'il est des choses dans la vie
    Qu'on ne peut excuser, quoiqu'on en ait envie ;
    Et je me vis contrainte à demeurer d'accord
900 Que l'air dont vous viviez vous faisait un peu tort,
    Qu'il prenait dans le monde une méchante face,
    Qu'il n'est conte fâcheux que partout on n'en fasse,
    Et que, si vous vouliez, tous vos déportements[4]
    Pourraient moins donner prise aux mauvais jugements.
905 Non que j'y croie, au fond, l'honnêteté blessée :
    Me préserve le Ciel d'en avoir la pensée !
    Mais aux ombres du crime on prête aisément foi,
    Et ce n'est pas assez de bien vivre pour soi.
    Madame, je vous crois l'âme trop raisonnable,
910 Pour ne pas prendre bien cet avis profitable,
    Et pour l'attribuer qu'aux[5] mouvements secrets
    D'un zèle qui m'attache à tous vos intérêts.

---

1. Synérèse, « hier » compte pour une seule syllabe.
2. Goût pour les intrigues amoureuses : pour une femme, c'est une attitude inconvenante.
3. Personnes qui contrôlent, critiquent et jugent les opinions ou actions des autres.
4. Votre conduite.
5. Pour l'attribuer à autre chose qu'aux…

CÉLIMÈNE

Madame, j'ai beaucoup de grâces à vous rendre :
Un tel avis m'oblige, et loin de le mal prendre,
915 J'en prétends reconnaître, à l'instant, la faveur,
Pour un avis aussi qui touche votre honneur ;
Et comme je vous vois vous montrer mon amie
En m'apprenant les bruits que de moi l'on publie,
Je veux suivre, à mon tour, un exemple si doux,
920 En vous avertissant de ce qu'on dit de vous.
En un lieu, l'autre jour, où je faisais visite,
Je trouvai quelques gens d'un très rare mérite,
Qui, parlant des vrais soins d'une âme qui vit bien,
Firent tomber sur vous, Madame, l'entretien.
925 Là, votre pruderie et vos éclats de zèle
Ne furent pas cités comme un fort bon modèle :
Cette affectation d'un grave extérieur,
Vos discours éternels de sagesse et d'honneur,
Vos mines et vos cris aux ombres d'indécence
930 Que d'un mot ambigu peut avoir l'innocence,
Cette hauteur d'estime où vous êtes de vous,
Et ces yeux de pitié que vous jetez sur tous,
Vos fréquentes leçons, et vos aigres censures
Sur des choses qui sont innocentes et pures,
935 Tout cela, si je puis vous parler franchement,
Madame, fut blâmé d'un commun sentiment.
À quoi bon, disaient-ils, cette mine modeste,
Et ce sage dehors que dément tout le reste ?
Elle est à bien prier exacte au dernier point
940 Mais elle bat ses gens[1], et ne les paye point.
Dans tous les lieux dévots elle étale un grand zèle ;
Mais elle met du blanc et veut paraître belle.

---

1. Domestiques.

Elle fait des tableaux couvrir les nudités ;
Mais elle a de l'amour pour les réalités.
945 Pour moi, contre chacun je pris votre défense,
Et leur assurai fort que c'était médisance ;
Mais tous les sentiments combattirent le mien ;
Et leur conclusion fut que vous feriez bien
De prendre moins de soin des actions des autres,
950 Et de vous mettre un peu plus en peine des vôtres ;
Qu'on doit se regarder soi-même un fort long temps,
Avant que de songer à condamner les gens ;
Qu'il faut mettre le poids d'une vie exemplaire
Dans les corrections qu'aux autres on veut faire ;
955 Et qu'encor vaut-il mieux s'en remettre, au besoin,
À ceux à qui le Ciel en a commis le soin[1].
Madame, je vous crois aussi trop raisonnable,
Pour ne pas prendre bien cet avis profitable,
Et pour l'attribuer qu'aux mouvements secrets
960 D'un zèle qui m'attache à tous vos intérêts.

### ARSINOÉ

À quoi qu'en reprenant on soit assujettie,
Je ne m'attendais pas à cette repartie,
Madame, et je vois bien, par ce qu'elle a d'aigreur,
Que mon sincère avis vous a blessée au cœur.

### CÉLIMÈNE

965 Au contraire, Madame ; et si l'on était sage,
Ces avis mutuels seraient mis en usage :
On détruirait par là, traitant de bonne foi,
Ce grand aveuglement où chacun est pour soi.
Il ne tiendra qu'à vous qu'avec le même zèle

---

1. Confié le soin, par exemple aux directeurs de conscience.

970 Nous ne continuions cet office fidèle[1],
 Et ne prenions grand soin de nous dire, entre nous,
 Ce que nous entendrons, vous de moi, moi de vous.

### ARSINOÉ

Ah! Madame, de vous je ne puis rien entendre :
 C'est en moi que l'on peut trouver fort à reprendre.

### CÉLIMÈNE

975 Madame, on peut, je crois, louer et blâmer tout,
 Et chacun a raison suivant l'âge et le goût.
 Il est une saison pour la galanterie ;
 Il en est une aussi propre à la pruderie.
 On peut, par politique, en prendre le parti,
980 Quand de nos jeunes ans l'éclat est amorti :
 Cela sert à couvrir de fâcheuses disgrâces.
 Je ne dis pas qu'un jour je ne suive vos traces :
 L'âge amènera tout, et ce n'est pas le temps,
 Madame, comme on sait, d'être prude à vingt ans.

### ARSINOÉ

985 Certes, vous vous targuez d'un bien faible avantage,
 Et vous faites sonner terriblement votre âge.
 Ce que de plus que vous on en pourrait avoir
 N'est pas un si grand cas pour s'en tant prévaloir ;
 Et je ne sais pourquoi votre âme ainsi s'emporte,
990 Madame, à me pousser[2] de cette étrange sorte.

### CÉLIMÈNE

Et moi, je ne sais pas, Madame, aussi pourquoi
 On vous voit, en tous lieux, vous déchaîner sur moi.

----

1. Ce service rendu réciproquement en toute bonne foi.
2. À me faire des reproches.

Faut-il de vos chagrins, sans cesse, à moi vous prendre ?
Et puis-je mais[1] des soins qu'on ne va pas vous rendre ?
995 Si ma personne aux gens inspire de l'amour,
Et si l'on continue à m'offrir chaque jour
Des vœux que votre cœur peut souhaiter qu'on m'ôte,
Je n'y saurais que faire, et ce n'est pas ma faute :
Vous avez le champ libre, et je n'empêche pas
1000 Que pour les attirer vous n'ayez des appas.

ARSINOÉ

Hélas ! et croyez-vous que l'on se mette en peine
De ce nombre d'amants dont vous faites la vaine[2],
Et qu'il ne nous soit pas fort aisé de juger
À quel prix aujourd'hui l'on peut les engager ?
1005 Pensez-vous faire croire, à voir comme tout roule,
Que votre seul mérite attire cette foule ?
Qu'ils ne brûlent pour vous que d'un honnête amour,
Et que pour vos vertus ils vous font tous la cour ?
On ne s'aveugle point par de vaines défaites[3],
1010 Le monde n'est point dupe ; et j'en vois qui sont faites
À pouvoir inspirer de tendres sentiments,
Qui chez elles pourtant ne fixent point d'amants ;
Et de là nous pouvons tirer des conséquences,
Qu'on n'acquiert point les cœurs sans de grandes avances,
1015 Qu'aucun pour nos beaux yeux n'est notre soupirant,
Et qu'il faut acheter tous les soins qu'on nous rend.
Ne vous enflez donc point d'une si grande gloire
Pour les petits brillants d'une faible victoire ;
Et corrigez un peu l'orgueil de vos appas,
1020 De traiter pour cela[4] les gens de haut en bas.

---

1. Suis-je responsable ?
2. Dont vous tirez vanité.
3. Échappatoires.
4. L'orgueil qui vous pousse à traiter.

Si nos yeux enviaient les conquêtes des vôtres,
Je pense qu'on pourrait faire comme les autres,
Ne se point ménager, et vous faire bien voir
Que l'on a des amants quand on en veut avoir.

CÉLIMÈNE

1025 Ayez-en donc, Madame, et voyons cette affaire :
Par ce rare secret efforcez-vous de plaire ;
Et sans…

ARSINOÉ

Brisons, Madame, un pareil entretien.
Il pousserait trop loin votre esprit et le mien ;
Et j'aurais pris déjà le congé qu'il faut prendre,
1030 Si mon carrosse encor ne m'obligeait d'attendre.

CÉLIMÈNE

Autant qu'il vous plaira vous pouvez arrêter[1],
Madame, et là-dessus rien ne doit vous hâter ;
Mais, sans vous fatiguer de ma cérémonie[2],
Je m'en vais vous donner meilleure compagnie ;
1035 Et Monsieur, qu'à propos le hasard fait venir,
Remplira mieux ma place à vous entretenir.
Alceste, il faut que j'aille écrire un mot de lettre,
Que, sans me faire tort, je ne saurais remettre.
Soyez avec Madame : elle aura la bonté
1040 D'excuser aisément mon incivilité.

_____

1. Demeurer.
2. Marques de civilité.

# Scène 5

ALCESTE, ARSINOÉ

ARSINOÉ

Vous voyez, elle veut que je vous entretienne,
Attendant un moment que mon carrosse vienne ;
Et jamais tous ses soins ne pouvaient m'offrir rien
Qui me fût plus charmant qu'un pareil entretien.
1045 En vérité, les gens d'un mérite sublime
Entraînent de chacun et l'amour et l'estime ;
Et le vôtre, sans doute, a des charmes secrets
Qui font entrer mon cœur dans tous vos intérêts.
Je voudrais que la cour, par un regard propice,
1050 À ce que vous valez rendît plus de justice :
Vous avez à vous plaindre, et je suis en courroux,
Quand je vois chaque jour qu'on ne fait rien pour vous.

ALCESTE

Moi, Madame ! Et sur quoi pourrais-je en rien prétendre ?
Quel service à l'État est-ce qu'on m'a vu rendre ?
1055 Qu'ai-je fait, s'il vous plaît, de si brillant de soi,
Pour me plaindre à la cour qu'on ne fait rien pour moi ?

ARSINOÉ

Tous ceux sur qui la cour jette des yeux propices
N'ont pas toujours rendu de ces fameux services.
Il faut l'occasion, ainsi que le pouvoir ;
1060 Et le mérite enfin que vous nous faites voir
Devrait…

### ALCESTE

Mon Dieu! laissons mon mérite, de grâce;
De quoi voulez-vous là que la cour s'embarrasse?
Elle aurait fort à faire, et ses soins seraient grands
D'avoir à déterrer le mérite des gens.

### ARSINOÉ

1065 Un mérite éclatant se déterre lui-même:
Du vôtre, en bien des lieux, on fait un cas extrême,
Et vous saurez de moi qu'en deux fort bons endroits
Vous fûtes hier loué par des gens d'un grand poids.

### ALCESTE

Eh! Madame, l'on loue aujourd'hui tout le monde,
1070 Et le siècle par là n'a rien qu'on ne confonde:
Tout est d'un grand mérite également doué,
Ce n'est plus un honneur que de se voir loué;
D'éloges on regorge, à la tête on les jette,
Et mon valet de chambre est mis dans la Gazette[1].

### ARSINOÉ

1075 Pour moi, je voudrais bien que, pour vous montrer mieux,
Une charge à la cour vous pût frapper les yeux.
Pour peu que d'y songer vous nous fassiez les mines,
On peut pour vous servir remuer des machines[2],
Et j'ai des gens en main que j'emploierai pour vous,
1080 Qui vous feront à tout un chemin assez doux.

---

1. *La Gazette de France*, créée par Théophraste Renaudot en 1631,
ne manquait pas de faire l'éloge des nobles qui s'étaient illustrés par
leurs faits d'armes.
2. User d'intrigues.

### ALCESTE

Et que voudriez-vous, Madame, que j'y fisse?
L'humeur dont je me sens veut que je m'en bannisse.
Le Ciel ne m'a point fait, en me donnant le jour,
Une âme compatible avec l'air de la cour;
1085 Je ne me trouve point les vertus nécessaires
Pour y bien réussir et faire mes affaires.
Être franc et sincère est mon plus grand talent;
Je ne sais point jouer les hommes en parlant,
Et qui n'a pas le don de cacher ce qu'il pense
1090 Doit faire en ce pays fort peu de résidence.
Hors de la cour, sans doute, on n'a pas cet appui,
Et ces titres d'honneur qu'elle donne aujourd'hui;
Mais on n'a pas aussi, perdant ces avantages,
Le chagrin de jouer de fort sots personnages:
1095 On n'a point à souffrir mille rebuts cruels,
On n'a point à louer les vers de Messieurs tels,
À donner de l'encens à Madame une telle,
Et de nos francs marquis essuyer la cervelle[1].

### ARSINOÉ

Laissons, puisqu'il vous plaît, ce chapitre de cour;
1100 Mais il faut que mon cœur vous plaigne en votre amour;
Et pour vous découvrir là-dessus mes pensées,
Je souhaiterais fort vos ardeurs mieux placées.
Vous méritez, sans doute, un sort beaucoup plus doux,
Et celle qui vous charme est indigne de vous.

### ALCESTE

1105 Mais, en disant cela, songez-vous, je vous prie,
Que cette personne est, Madame, votre amie?

_____

1. Supporter la sottise.

ARSINOÉ

Oui ; mais ma conscience est blessée en effet
De souffrir plus longtemps le tort que l'on vous fait ;
L'état où je vous vois afflige trop mon âme,
1110 Et je vous donne avis qu'on trahit votre flamme.

ALCESTE

C'est me montrer, Madame, un tendre mouvement,
Et de pareils avis obligent un amant !

ARSINOÉ

Oui, toute mon amie[1], elle est et je la nomme
Indigne d'asservir le cœur d'un galant homme ;
1115 Et le sien n'a pour vous que de feintes douceurs.

ALCESTE

Cela se peut, Madame : on ne voit pas les cœurs ;
Mais votre charité se serait bien passée
De jeter dans le mien une telle pensée.

ARSINOÉ

Si vous ne voulez pas être désabusé,
1120 Il faut ne vous rien dire, il est assez aisé.

ALCESTE

Non ; mais sur ce sujet quoi que l'on nous expose,
Les doutes sont fâcheux plus que toute autre chose ;
Et je voudrais, pour moi, qu'on ne me fît savoir
Que ce qu'avec clarté l'on peut me faire voir.

---

1. Toute mon amie qu'elle soit.

ARSINOÉ

1125 Hé bien ! c'est assez dit ; et sur cette matière
Vous allez recevoir une pleine lumière.
Oui, je veux que de tout vos yeux vous fassent foi :
Donnez-moi seulement la main jusque chez moi ;
Là je vous ferai voir une preuve fidèle
1130 De l'infidélité du cœur de votre belle ;
Et si pour d'autres yeux le vôtre peut brûler,
On pourra vous offrir de quoi vous consoler.

# Acte IV

## Scène I

### ÉLIANTE, PHILINTE

#### PHILINTE

Non, l'on n'a point vu d'âme à manier si dure,
Ni d'accommodement plus pénible à conclure :
1135 En vain de tous côtés on l'a voulu tourner,
Hors de son sentiment on n'a pu l'entraîner ;
Et jamais différend si bizarre, je pense,
N'avait de ces Messieurs[1] occupé la prudence[2].
« Non, Messieurs, disait-il, je ne me dédis point,
1140 Et tomberai d'accord de tout, hors de ce point.
De quoi s'offense-t-il ? et que veut-il me dire ?
Y va-t-il de sa gloire à ne pas bien écrire ?
Que lui fait mon avis, qu'il a pris de travers ?
On peut être honnête homme et faire mal des vers :
1145 Ce n'est point à l'honneur que touchent ces matières ;

---

1. Désignent les maréchaux (voir v. 751).
2. Sagesse.

Je le tiens galant homme en toutes les manières,
Homme de qualité, de mérite et de cœur,
Tout ce qu'il vous plaira, mais fort méchant auteur.
Je louerai, si l'on veut, son train[1] et sa dépense,
1150 Son adresse à cheval, aux armes, à la danse ;
Mais pour louer ses vers, je suis son serviteur[2] ;
Et lorsque d'en mieux faire on n'a pas le bonheur,
On ne doit de rimer avoir aucune envie,
Qu'on n'y soit condamné[3] sur peine de la vie. »
1155 Enfin toute la grâce et l'accommodement
Où s'est, avec effort, plié son sentiment,
C'est de dire, croyant adoucir bien son style :
« Monsieur, je suis fâché d'être si difficile,
Et pour l'amour de vous, je voudrais, de bon cœur,
1160 Avoir trouvé tantôt votre sonnet meilleur. »
Et dans une embrassade, on leur a, pour conclure,
Fait vite envelopper toute la procédure.

ÉLIANTE

Dans ses façons d'agir, il est fort singulier ;
Mais j'en fais, je l'avoue, un cas particulier,
1165 Et la sincérité dont son âme se pique
A quelque chose, en soi, de noble et d'héroïque.
C'est une vertu rare au siècle d'aujourd'hui,
Et je la voudrais voir partout comme chez lui.

PHILINTE

Pour moi, plus je le vois, plus surtout je m'étonne
1170 De cette passion où son cœur s'abandonne :
De l'humeur dont le Ciel a voulu le former,

---

1. Équipage d'un seigneur (carrosse, chevaux, laquais…).
2. Formule de congé (vers 438), donc de refus ici.
3. À moins qu'on n'y soit condamné.

Je ne sais pas comment il s'avise d'aimer ;
Et je sais moins encor comment votre cousine
Peut être la personne où son penchant l'incline.

ÉLIANTE

1175 Cela fait assez voir que l'amour, dans les cœurs,
N'est pas toujours produit par un rapport d'humeurs ;
Et toutes ces raisons de douces sympathies
Dans cet exemple-ci se trouvent démenties.

PHILINTE

Mais croyez-vous qu'on l'aime, aux choses qu'on peut voir ?

ÉLIANTE

1180 C'est un point qu'il n'est pas fort aisé de savoir.
Comment pouvoir juger s'il est vrai qu'elle l'aime ?
Son cœur de ce qu'il sent n'est pas bien sûr lui-même ;
Il aime quelquefois sans qu'il le sache bien,
Et croit aimer aussi parfois qu'il n'en est rien.

PHILINTE

1185 Je crois que notre ami, près de cette cousine,
Trouvera des chagrins plus qu'il ne s'imagine ;
Et s'il avait mon cœur, à dire vérité,
Il tournerait ses vœux tout d'un autre côté
Et par un choix plus juste, on le verrait, Madame,
1190 Profiter des bontés que lui montre votre âme.

ÉLIANTE

Pour moi, je n'en fais point de façons, et je crois
Qu'on doit, sur de tels points, être de bonne foi :
Je ne m'oppose point à toute sa tendresse ;
Au contraire, mon cœur pour elle s'intéresse ;
1195 Et si c'était qu'à moi la chose pût tenir,

Moi-même à ce qu'il aime on me verrait l'unir.
Mais si dans un tel choix, comme tout se peut faire,
Son amour éprouvait quelque destin contraire,
S'il fallait que d'un autre on couronnât les feux[1],
1200 Je pourrais me résoudre à recevoir ses vœux;
Et le refus souffert[2], en pareille occurrence,
Ne m'y ferait trouver aucune répugnance.

PHILINTE

Et moi, de mon côté, je ne m'oppose pas,
Madame, à ces bontés qu'ont pour lui vos appas;
1205 Et lui-même, s'il veut, il peut bien vous instruire
De ce que là-dessus j'ai pris soin de lui dire.
Mais si, par un hymen qui les joindrait eux deux,
Vous étiez hors d'état de recevoir ses vœux,
Tous les miens tenteraient la faveur éclatante
1210 Qu'avec tant de bonté votre âme lui présente:
Heureux si, quand son cœur s'y pourra dérober,
Elle pouvait sur moi, Madame, retomber.

ÉLIANTE

Vous vous divertissez, Philinte.

PHILINTE

                         Non, Madame,
Et je vous parle ici du meilleur de mon âme,
1215 J'attends l'occasion de m'offrir hautement,
Et de tous mes souhaits j'en presse le moment.

---

1. S'il fallait que Célimène accorde son amour à un autre qu'Alceste.
2. Le refus qu'Alceste aurait subi de la part de Célimène.

# Scène 2

### ALCESTE, ÉLIANTE, PHILINTE

#### ALCESTE

Ah ! faites-moi raison[1], Madame, d'une offense
Qui vient de triompher de toute ma constance.

#### ÉLIANTE

Qu'est-ce donc ? Qu'avez-vous qui vous puisse émouvoir ?

#### ALCESTE

1220 J'ai ce que sans mourir je ne puis concevoir ;
Et le déchaînement de toute la nature
Ne m'accablerait pas comme cette aventure.
C'en est fait... Mon amour... Je ne saurais parler.

#### ÉLIANTE

Que votre esprit un peu tâche à se rappeler[2].

#### ALCESTE

1225 Ô juste Ciel ! faut-il qu'on joigne à tant de grâces
Les vices odieux des âmes les plus basses ?

#### ÉLIANTE

Mais encor qui vous peut... ?

---

1. À la fois « expliquez-moi » et « vengez-moi ».
2. Reprenez vos esprits.

ALCESTE

        Ah! tout est ruiné;
Je suis, je suis trahi, je suis assassiné:
Célimène… Eût-on pu croire cette nouvelle?
1230 Célimène me trompe et n'est qu'une infidèle.

ÉLIANTE

Avez-vous, pour le croire, un juste fondement?

PHILINTE

Peut-être est-ce un soupçon conçu légèrement,
Et votre esprit jaloux prend parfois des chimères…

ALCESTE

Ah, morbleu! mêlez-vous, Monsieur, de vos affaires.
1235 C'est de sa trahison n'être que trop certain,
Que l'avoir, dans ma poche, écrite de sa main.
Oui, Madame, une lettre écrite pour Oronte
A produit à mes yeux ma disgrâce et sa honte:
Oronte, dont j'ai cru qu'elle fuyait les soins,
1240 Et que de mes rivaux je redoutais le moins.

PHILINTE

Une lettre peut bien tromper par l'apparence,
Et n'est pas quelquefois si coupable qu'on pense.

ALCESTE

Monsieur, encore un coup, laissez-moi, s'il vous plaît,
Et ne prenez souci que de votre intérêt.

ÉLIANTE

1245 Vous devez modérer vos transports[1], et l'outrage…

---

1. Manifestations d'émotion.

### ALCESTE

Madame, c'est à vous qu'appartient cet ouvrage[1] ;
C'est à vous que mon cœur a recours aujourd'hui
Pour pouvoir s'affranchir de son cuisant ennui.
Vengez-moi d'une ingrate et perfide parente,
1250 Qui trahit lâchement une ardeur si constante ;
Vengez-moi de ce trait qui doit vous faire horreur.

### ÉLIANTE

Moi, vous venger ! Comment ?

### ALCESTE

                  En recevant mon cœur.
Acceptez-le, Madame, au lieu de l'infidèle :
C'est par là que je puis prendre vengeance d'elle ;
1255 Et je la veux punir par les sincères vœux,
Par le profond amour, les soins respectueux,
Les devoirs empressés et l'assidu service
Dont ce cœur va vous faire un ardent sacrifice.

### ÉLIANTE

Je compatis, sans doute, à ce que vous souffrez,
1260 Et ne méprise point le cœur que vous m'offrez ;
Mais peut-être le mal n'est pas si grand qu'on pense,
Et vous pourrez quitter ce désir de vengeance.
Lorsque l'injure part d'un objet plein d'appas,
On fait force desseins qu'on n'exécute pas :
1265 On a beau voir, pour rompre, une raison puissante,
Une coupable aimée est bientôt innocente ;
Tout le mal qu'on lui veut se dissipe aisément,
Et l'on sait ce que c'est qu'un courroux d'un amant.

---

1. Œuvre d'apaisement.

### ALCESTE

Non, non, Madame, non : l'offense est trop mortelle,
1270 Il n'est point de retour, et je romps avec elle ;
Rien ne saurait changer le dessein que j'en fais,
Et je me punirais de l'estimer jamais[1].
La voici. Mon courroux redouble à cette approche ;
Je vais de sa noirceur lui faire un vif reproche,
1275 Pleinement la confondre, et vous porter après
Un cœur tout dégagé de ses trompeurs attraits.

## Scène 3

### CÉLIMÈNE, ALCESTE

### ALCESTE

Ô Ciel de mes transports puis-je être ici le maître ?

### CÉLIMÈNE

Ouais[2] ! Quel est donc le trouble où je vous vois paraître ?
Et que me veulent dire et ces soupirs poussés,
1280 Et ces sombres regards que sur moi vous lancez ?

### ALCESTE

Que toutes les horreurs dont une âme est capable
À vos déloyautés n'ont rien de comparable ;
Que le sort, les démons, et le Ciel en courroux
N'ont jamais rien produit de si méchant que vous.

---

1. Un jour.
2. Marque de surprise (cette interjection n'est pas vulgaire au
XVIIᵉ siècle).

CÉLIMÈNE

1285 Voilà certainement des douceurs que j'admire.

ALCESTE

Ah ! ne plaisantez point, il n'est pas temps de rire :
Rougissez bien plutôt, vous en avez raison ;
Et j'ai de sûrs témoins de votre trahison.
Voilà ce que marquaient les troubles de mon âme :
1290 Ce n'était pas en vain que s'alarmait ma flamme ;
Par ces fréquents soupçons, qu'on trouvait odieux,
Je cherchais le malheur qu'ont rencontré mes yeux ;
Et malgré tous vos soins et votre adresse à feindre,
Mon astre[1] me disait ce que j'avais à craindre.
1295 Mais ne présumez pas que, sans être vengé,
Je souffre le dépit de me voir outragé.
Je sais que sur les vœux on n'a point de puissance,
Que l'amour veut partout naître sans dépendance,
Que jamais par la force on n'entra dans un cœur
1300 Et que toute âme est libre à nommer son vainqueur.
Aussi ne trouverais-je aucun sujet de plainte,
Si pour moi votre bouche avait parlé sans feinte ;
Et, rejetant[2] mes vœux dès le premier abord,
Mon cœur n'aurait eu droit de s'en prendre qu'au sort.
1305 Mais d'un aveu trompeur voir ma flamme applaudie,
C'est une trahison, c'est une perfidie,
Qui ne saurait trouver de trop grands châtiments,
Et je puis tout permettre à mes ressentiments.
Oui, oui, redoutez tout après un tel outrage ;
1310 Je ne suis plus à moi, je suis tout à la rage :
Percé du coup mortel dont vous m'assassinez,
Mes sens par la raison ne sont plus gouvernés,

---

1. Le signe sous lequel je suis né, ma destinée.
2. Si vous aviez rejeté.

Je cède aux mouvements d'une juste colère,
Et je ne réponds pas de ce que je puis faire.

### CÉLIMÈNE

1315 D'où vient donc, je vous prie, un tel emportement ?
Avez-vous, dites-moi, perdu le jugement ?

### ALCESTE

Oui, oui, je l'ai perdu, lorsque dans votre vue
J'ai pris, pour mon malheur, le poison qui me tue,
Et que j'ai cru trouver quelque sincérité
1320 Dans les traîtres appas dont je fus enchanté.

### CÉLIMÈNE

De quelle trahison pouvez-vous donc vous plaindre ?

### ALCESTE

Ah ! que ce cœur est double et sait bien l'art de feindre !
Mais pour le mettre à bout, j'ai des moyens tous prêts :
Jetez ici les yeux, et connaissez vos traits ;
1325 Ce billet découvert[1] suffit pour vous confondre,
Et contre ce témoin on n'a rien à répondre.

### CÉLIMÈNE

Voilà donc le sujet qui vous trouble l'esprit ?

### ALCESTE

Vous ne rougissez pas en voyant cet écrit ?

### CÉLIMÈNE

Et par quelle raison faut-il que j'en rougisse ?

---

1. La découverte de ce billet.

ALCESTE

1330 Quoi ? vous joignez ici l'audace à l'artifice ?
Le désavouerez-vous, pour n'avoir point de seing[1] ?

CÉLIMÈNE

Pourquoi désavouer un billet de ma main ?

ALCESTE

Et vous pouvez le voir sans demeurer confuse
Du crime dont vers moi[2] son style vous accuse ?

CÉLIMÈNE

1335 Vous êtes, sans mentir, un grand extravagant.

ALCESTE

Quoi ? vous bravez ainsi ce témoin convaincant ?
Et ce qu'il m'a fait voir de douceur pour Oronte
N'a donc rien qui m'outrage, et qui vous fasse honte ?

CÉLIMÈNE

Oronte ! Qui vous dit que la lettre est pour lui ?

ALCESTE

1340 Les gens qui dans mes mains l'ont remise aujourd'hui.
Mais je veux consentir qu'elle soit pour un autre :
Mon cœur en a-t-il moins à se plaindre du vôtre ?
En serez-vous vers moi moins coupable en effet ?

CÉLIMÈNE

Mais si c'est une femme à qui va ce billet,
1345 En quoi vous blesse-t-il ? et qu'a-t-il de coupable ?

---

1. Parce qu'il ne porte pas de signature.
2. Envers moi.

#### ALCESTE

Ah ! le détour[1] est bon, et l'excuse admirable.
Je ne m'attendais pas, je l'avoue, à ce trait,
Et me voilà, par là, convaincu tout à fait.
Osez-vous recourir à ces ruses grossières ?
1350 Et croyez-vous les gens si privés de lumières ?
Voyons, voyons un peu par quel biais, de quel air,
Vous voulez soutenir un mensonge si clair,
Et comment vous pourrez tourner pour une femme
Tous les mots d'un billet qui montre tant de flamme ?
1355 Ajustez, pour couvrir un manquement de foi,
Ce que je m'en vais lire...

#### CÉLIMÈNE

                    Il ne me plaît pas, moi.
Je vous trouve plaisant[2] d'user d'un tel empire,
Et de me dire au nez ce que vous m'osez dire.

#### ALCESTE

Non, non : sans s'emporter, prenez un peu souci
1360 De me justifier les termes que voici.

#### CÉLIMÈNE

Non, je n'en veux rien faire ; et dans cette occurrence,
Tout ce que vous croirez m'est de peu d'importance.

#### ALCESTE

De grâce, montrez-moi, je serai satisfait,
Qu'on peut pour une femme expliquer ce billet.

---

1. Artifice.
2. Plaisant « se dit quelquefois par injure, ou par reproche » (Furetière).

CÉLIMÈNE

1365 Non, il est pour Oronte, et je veux qu'on le croie ;
Je reçois tous ses soins avec beaucoup de joie ;
J'admire ce qu'il dit, j'estime ce qu'il est,
Et je tombe d'accord de tout ce qu'il vous plaît.
Faites, prenez parti, que rien ne vous arrête,
1370 Et ne me rompez pas davantage la tête.

ALCESTE, *à part*

Ciel ! rien de plus cruel peut-il être inventé ?
Et jamais cœur fut-il de la sorte traité ?
Quoi ? d'un juste courroux je suis ému contre elle,
C'est moi qui me viens plaindre, et c'est moi qu'on querelle !
1375 On pousse ma douleur et mes soupçons à bout,
On me laisse tout croire, on fait gloire de tout ;
Et cependant mon cœur est encore assez lâche
Pour ne pouvoir briser la chaîne qui l'attache,
Et pour ne pas s'armer d'un généreux mépris
1380 Contre l'ingrat objet dont il est trop épris !

*À Célimène.*

Ah ! que vous savez bien ici, contre moi-même,
Perfide, vous servir de ma faiblesse extrême,
Et ménager pour vous l'excès prodigieux
De ce fatal amour né de vos traîtres yeux !
1385 Défendez-vous au moins d'un crime qui m'accable,
Et cessez d'affecter d'être envers moi coupable ;
Rendez-moi, s'il se peut, ce billet innocent[1] :
À vous prêter les mains ma tendresse consent ;
Efforcez-vous ici de paraître fidèle,
1390 Et je m'efforcerai, moi, de vous croire telle.

---

1. Faites que je puisse croire à l'innocence de ce billet.

CÉLIMÈNE

Allez, vous êtes fou, dans vos transports jaloux,
Et ne méritez pas l'amour qu'on a pour vous.
Je voudrais bien savoir qui pourrait me contraindre
À descendre pour vous aux bassesses de feindre,
1395 Et pourquoi, si mon cœur penchait d'autre côté,
Je ne le dirais pas avec sincérité.
Quoi ? de mes sentiments l'obligeante assurance
Contre tous vos soupçons ne prend pas ma défense ?
Auprès d'un tel garant, sont-ils de quelque poids ?
1400 N'est-ce pas m'outrager que d'écouter leur voix ?
Et puisque notre cœur fait un effort extrême
Lorsqu'il peut se résoudre à confesser qu'il aime,
Puisque l'honneur du sexe[1], ennemi de nos feux,
S'oppose fortement à de pareils aveux,
1405 L'amant qui voit pour lui franchir un tel obstacle
Doit-il impunément douter de cet oracle ?
Et n'est-il pas coupable en ne s'assurant pas
À ce qu'on ne dit point qu'après de grands combats ?
Allez, de tels soupçons méritent ma colère,
1410 Et vous ne valez pas que l'on vous considère :
Je suis sotte, et veux mal à ma simplicité
De conserver encor pour vous quelque bonté ;
Je devrais autre part attacher mon estime,
Et vous faire un sujet de plainte légitime.

ALCESTE

1415 Ah ! traîtresse, mon faible est étrange pour vous !
Vous me trompez sans doute avec des mots si doux ;
Mais il n'importe, il faut suivre ma destinée :

---

1. Du beau sexe, des femmes.

À votre foi mon âme est toute abandonnée ;
Je veux voir, jusqu'au bout, quel sera votre cœur,
1420 Et si de me trahir il aura la noirceur.

### CÉLIMÈNE

Non, vous ne m'aimez point comme il faut que l'on aime.

### ALCESTE

Ah ! rien n'est comparable à mon amour extrême ;
Et dans l'ardeur qu'il a de se montrer à tous,
Il va jusqu'à former des souhaits contre vous.
1425 Oui, je voudrais qu'aucun ne vous trouvât aimable,
Que vous fussiez réduite en un sort misérable,
Que le Ciel, en naissant, ne vous eût donné rien,
Que vous n'eussiez ni rang, ni naissance, ni bien,
Afin que de mon cœur l'éclatant sacrifice
1430 Vous pût d'un pareil sort réparer l'injustice,
Et que j'eusse la joie et la gloire, en ce jour,
De vous voir tenir tout des mains de mon amour.

### CÉLIMÈNE

C'est me vouloir du bien d'une étrange manière !
Me préserve le Ciel que vous ayez matière… !
1435 Voici Monsieur Du Bois, plaisamment figuré[1].

---

1. Accoutré.

# Scène 4

### DU BOIS, CÉLIMÈNE, ALCESTE

#### ALCESTE

Que veut cet équipage[1], et cet air effaré ?
Qu'as-tu ?

#### DU BOIS

      Monsieur...

#### ALCESTE

      Hé bien !

#### DU BOIS

           Voici bien des mystères.

#### ALCESTE

Qu'est-ce ?

#### DU BOIS

Nous sommes mal, Monsieur, dans nos affaires.

#### ALCESTE

Quoi ?

#### DU BOIS

      Parlerai-je haut ?

---

1. Tenue de voyage.

ALCESTE

Oui, parle, et promptement.

DU BOIS

1440 N'est-il point là quelqu'un… ?

ALCESTE

Ah que d'amusement[1] !
Veux-tu parler ?

DU BOIS

Monsieur, il faut faire retraite.

ALCESTE

Comment ?

DU BOIS

Il faut d'ici déloger sans trompette[2].

ALCESTE

Et pourquoi ?

DU BOIS

Je vous dis qu'il faut quitter ce lieu.

ALCESTE

La cause ?

DU BOIS

Il faut partir, Monsieur, sans dire adieu.

---

1. Perte de temps.
2. Fuir, expression militaire comme «déloger sans tambour ni trompette ».

ALCESTE

1445 Mais par quelle raison me tiens-tu ce langage ?

DU BOIS

Par la raison, Monsieur, qu'il faut plier bagage.

ALCESTE

Ah ! je te casserai la tête assurément,
Si tu ne veux, maraud, t'expliquer autrement.

DU BOIS

Monsieur, un homme noir et d'habit et de mine[1]
1450 Est venu nous laisser, jusque dans la cuisine,
Un papier griffonné d'une telle façon,
Qu'il faudrait, pour le lire, être pis que démon.
C'est de votre procès, je n'en fais aucun doute ;
Mais le diable d'enfer, je crois, n'y verrait goutte.

ALCESTE

1455 Hé bien ? quoi ? ce papier, qu'a-t-il à démêler,
Traître, avec le départ dont tu viens me parler ?

DU BOIS

C'est pour vous dire ici, Monsieur, qu'une heure ensuite,
Un homme qui souvent vous vient rendre visite
Est venu vous chercher avec empressement,
1460 Et ne vous trouvant pas, m'a chargé doucement,
Sachant que je vous sers avec beaucoup de zèle,
De vous dire... Attendez, comme est-ce qu'il s'appelle ?

---

1. Tenue d'un huissier de justice, la même que Monsieur Loyal
dans *Tartuffe*.

ALCESTE

Laisse là son nom, traître, et dis ce qu'il t'a dit.

DU BOIS

C'est un de vos amis enfin, cela suffit.
1465 Il m'a dit que d'ici votre péril vous chasse,
Et que d'être arrêté le sort vous y menace.

ALCESTE

Mais quoi? n'a-t-il voulu te rien spécifier?

DU BOIS

Non: il m'a demandé de l'encre et du papier,
Et vous a fait un mot, où vous pourrez, je pense,
1470 Du fond de ce mystère avoir la connaissance.

ALCESTE

Donne-le donc.

CÉLIMÈNE

Que peut envelopper[1] ceci?

ALCESTE

Je ne sais; mais j'aspire à m'en voir éclairci.
Auras-tu bientôt fait, impertinent au diable?

DU BOIS, *après l'avoir longtemps cherché*

Ma foi! je l'ai, Monsieur, laissé sur votre table.

ALCESTE

1475 Je ne sais qui me tient[2]...

---

1. Cacher, recouvrir.
2. Ce qui me retient.

CÉLIMÈNE

Ne vous emportez pas,
Et courez démêler un pareil embarras.

ALCESTE

Il semble que le sort, quelque soin que je prenne,
Ait juré d'empêcher que je vous entretienne;
Mais pour en triompher, souffrez[1] à mon amour
1480 De vous revoir, Madame, avant la fin du jour.

---

1. Accordez.

# Acte V

## Scène I

### ALCESTE, PHILINTE

#### ALCESTE

La résolution en est prise, vous dis-je.

#### PHILINTE

Mais, quel que soit ce coup, faut-il qu'il vous oblige ?

#### ALCESTE

Non : vous avez beau faire et beau me raisonner,
Rien de ce que je dis ne me peut détourner :
1485 Trop de perversité règne au siècle où nous sommes,
Et je veux me tirer du commerce[1] des hommes.
Quoi ? contre ma partie[2] on voit tout à la fois
L'honneur, la probité, la pudeur, et les lois ;
On publie en tous lieux l'équité de ma cause ;

---

1. De la fréquentation.
2. Adversaire dans un procès.

1490 Sur la foi de mon droit mon âme se repose :
     Cependant je me vois trompé par le succès[1] ;
     J'ai pour moi la justice, et je perds mon procès !
     Un traître, dont on sait la scandaleuse histoire,
     Est sorti triomphant d'une fausseté noire[2] !
1495 Toute la bonne foi cède à sa trahison !
     Il trouve, en m'égorgeant, moyen d'avoir raison !
     Le poids de sa grimace, où brille l'artifice,
     Renverse le bon droit, et tourne[3] la justice !
     Il fait par un arrêt couronner son forfait !
1500 Et non content encor du tort que l'on me fait,
     Il court parmi le monde un livre abominable[4],
     Et de qui la lecture est même condamnable,
     Un livre à mériter la dernière rigueur,
     Dont le fourbe a le front de me faire l'auteur !
1505 Et là-dessus, on voit Oronte qui murmure,
     Et tâche méchamment d'appuyer l'imposture !
     Lui, qui d'un honnête homme à la cour tient le rang,
     À qui je n'ai rien fait qu'être sincère et franc,
     Qui me vient, malgré moi, d'une ardeur empressée,
1510 Sur des vers qu'il a faits demander ma pensée ;
     Et parce que j'en use avec honnêteté,
     Et ne le veux trahir, lui ni la vérité,
     Il aide à m'accabler d'un crime imaginaire !
     Le voilà devenu mon plus grand adversaire !
1515 Et jamais de son cœur je n'aurai de pardon,

---

1. L'issue du procès.
2. Par une fausseté noire.
3. Détourne, fausse.
4. Au XVIIᵉ siècle, les livres philosophiques, les pamphlets, les ouvrages pornographiques, condamnés par la censure, circulaient illégalement et anonymement, leurs auteurs risquant l'arrestation et un châtiment exemplaire. Molière, comme ici Alceste, a lui-même été accusé d'être l'auteur d'un livre « abominable » par des calomniateurs cherchant à le discréditer.

Pour n'avoir pas trouvé que son sonnet fût bon !
Et les hommes, morbleu ! sont faits de cette sorte !
C'est à ces actions que la gloire les porte !
Voilà la bonne foi, le zèle vertueux,
1520 La justice et l'honneur que l'on trouve chez eux !
Allons, c'est trop souffrir les chagrins qu'on nous forge :
Tirons-nous de ce bois et de ce coupe-gorge.
Puisque entre humains ainsi vous vivez en vrais loups,
Traîtres, vous ne m'aurez de ma vie avec vous.

### PHILINTE

1525 Je trouve un peu bien prompt le dessein où vous êtes,
Et tout le mal n'est pas si grand que vous le faites :
Ce que votre partie ose vous imputer
N'a point eu le crédit de vous faire arrêter ;
On voit son faux rapport lui-même se détruire,
1530 Et c'est une action qui pourrait bien lui nuire.

### ALCESTE

Lui ? De semblables tours il ne craint point l'éclat ;
Il a permission d'être franc scélérat ;
Et loin qu'à son crédit nuise cette aventure,
On l'en verra demain en meilleure posture.

### PHILINTE

1535 Enfin il est constant qu'on n'a point trop donné[1]
Au bruit que contre vous sa malice a tourné :
De ce côté déjà vous n'avez rien à craindre ;
Et pour votre procès, dont vous pouvez vous plaindre,
Il vous est en justice aisé d'y revenir,
1540 Et contre cet arrêt...

---

1. On n'a pas accordé de crédit.

ALCESTE

Non: je veux m'y tenir.
Quelque sensible tort qu'un tel arrêt me fasse,
Je me garderai bien de vouloir qu'on le casse:
On y voit trop à plein le bon droit maltraité,
Et je veux qu'il demeure à la postérité
1545 Comme une marque insigne, un fameux témoignage
De la méchanceté des hommes de notre âge.
Ce sont vingt mille francs qu'il m'en pourra coûter;
Mais, pour vingt mille francs, j'aurai droit de pester
Contre l'iniquité de la nature humaine,
1550 Et de nourrir pour elle une immortelle haine.

PHILINTE

Mais enfin...

ALCESTE

Mais enfin, vos soins sont superflus:
Que pouvez-vous, Monsieur, me dire là-dessus?
Aurez-vous bien le front de me vouloir en face
Excuser les horreurs de tout ce qui se passe?

PHILINTE

1555 Non: je tombe d'accord de tout ce qu'il vous plaît;
Tout marche par cabale et par pur intérêt;
Ce n'est plus que la ruse aujourd'hui qui l'emporte,
Et les hommes devraient être faits d'autre sorte.
Mais est-ce une raison que leur peu d'équité
1560 Pour vouloir se tirer de leur société?
Tous ces défauts humains nous donnent dans la vie
Des moyens d'exercer notre philosophie:
C'est le plus bel emploi que trouve la vertu;
Et si de probité tout était revêtu,

1565 Si tous les cœurs étaient francs, justes et dociles,
La plupart des vertus nous seraient inutiles,
Puisqu'on en met l'usage à pouvoir sans ennui
Supporter, dans nos droits, l'injustice d'autrui ;
Et de même qu'un cœur d'une vertu profonde…

### ALCESTE

1570 Je sais que vous parlez, Monsieur, le mieux du monde ;
En beaux raisonnements vous abondez toujours ;
Mais vous perdez le temps et tous vos beaux discours.
La raison, pour mon bien, veut que je me retire :
Je n'ai point sur ma langue un assez grand empire ;
1575 De ce que je dirais je ne répondrais pas,
Et je me jetterais cent choses sur les bras.
Laissez-moi, sans dispute[1], attendre Célimène :
Il faut qu'elle consente au dessein qui m'amène ;
Je vais voir si son cœur a de l'amour pour moi,
1580 Et c'est ce moment-ci qui doit m'en faire foi.

### PHILINTE

Montons chez Éliante, attendant sa venue.

### ALCESTE

Non : de trop de souci je me sens l'âme émue.
Allez-vous-en la voir, et me laissez enfin
Dans ce petit coin sombre, avec mon noir chagrin.

### PHILINTE

1585 C'est une compagnie étrange pour attendre,
Et je vais obliger[2] Éliante à descendre.

---

1. Discussion.
2. Prier instamment.

# Scène 2

## ORONTE, CÉLIMÈNE, ALCESTE

### ORONTE

Oui, c'est à vous de voir si par des nœuds si doux[1],
Madame, vous voulez m'attacher tout à vous.
Il me faut de votre âme une pleine assurance :
1590 Un amant là-dessus n'aime point qu'on balance.
Si l'ardeur de mes feux a pu vous émouvoir,
Vous ne devez point feindre à me le faire voir ;
Et la preuve, après tout, que je vous en demande,
C'est de ne plus souffrir qu'Alceste vous prétende[2],
1595 De le sacrifier, Madame, à mon amour,
Et de chez vous enfin le bannir dès ce jour.

### CÉLIMÈNE

Mais quel sujet si grand contre lui vous irrite,
Vous à qui j'ai tant vu parler de son mérite ?

### ORONTE

Madame, il ne faut point ces éclaircissements ;
1600 Il s'agit de savoir quels sont vos sentiments.
Choisissez, s'il vous plaît, de garder l'un ou l'autre :
Ma résolution n'attend rien que la vôtre.

### ALCESTE, *sortant du coin où il s'était retiré*

Oui, Monsieur a raison : Madame, il faut choisir,

---

1. Les liens du mariage.
2. Qu'Alceste soit votre prétendant.

Et sa demande ici s'accorde à mon désir.
1605 Pareille ardeur me presse, et même soin m'amène ;
Mon amour veut du vôtre une marque certaine,
Les choses ne sont plus pour traîner en longueur,
Et voici le moment d'expliquer votre cœur.

ORONTE

Je ne veux point, Monsieur, d'une flamme importune
1610 Troubler aucunement votre bonne fortune.

ALCESTE

Je ne veux point, Monsieur, jaloux ou non jaloux,
Partager de son cœur rien du tout avec vous.

ORONTE

Si votre amour au mien lui semble préférable...

ALCESTE

Si du moindre penchant elle est pour vous capable...

ORONTE

1615 Je jure de n'y rien prétendre désormais.

ALCESTE

Je jure hautement de ne la voir jamais.

ORONTE

Madame, c'est à vous de parler sans contrainte.

ALCESTE

Madame, vous pouvez vous expliquer sans crainte.

ORONTE

Vous n'avez qu'à nous dire où s'attachent vos vœux.

ALCESTE

1620 Vous n'avez qu'à trancher, et choisir de nous deux.

ORONTE

Quoi ? sur un pareil choix vous semblez être en peine !

ALCESTE

Quoi ? votre âme balance et paraît incertaine !

CÉLIMÈNE

Mon Dieu ! que cette instance[1] est là hors de saison,
Et que vous témoignez, tous deux, peu de raison !
1625 Je sais prendre parti sur cette préférence,
Et ce n'est pas mon cœur maintenant qui balance ;
Il n'est point suspendu, sans doute, entre vous deux,
Et rien n'est si tôt fait que le choix de nos vœux.
Mais je souffre, à vrai dire, une gêne[2] trop forte
1630 À prononcer en face un aveu de la sorte :
Je trouve que ces mots qui sont désobligeants
Ne se doivent point dire en présence des gens ;
Qu'un cœur de son penchant donne assez de lumière,
Sans qu'on nous fasse aller jusqu'à rompre en visière ;
1635 Et qu'il suffit enfin que de plus doux témoins
Instruisent un amant du malheur de ses soins.

ORONTE

Non, non, un franc aveu n'a rien que j'appréhende :
J'y consens pour ma part.

ALCESTE

               Et moi, je le demande :

---

1. Prière insistante.
2. Torture.

C'est son éclat surtout qu'ici j'ose exiger,
1640 Et je ne prétends point vous voir rien ménager[1].
Conserver tout le monde est votre grande étude ;
Mais plus d'amusement, et plus d'incertitude :
Il faut vous expliquer nettement là-dessus,
Ou bien pour un arrêt je prends votre refus ;
1645 Je saurai, de ma part, expliquer ce silence,
Et me tiendrai pour dit tout le mal que j'en pense.

### ORONTE

Je vous sais fort bon gré, Monsieur, de ce courroux,
Et je lui dis ici même chose que vous.

### CÉLIMÈNE

Que vous me fatiguez avec un tel caprice !
1650 Ce que vous demandez a-t-il de la justice ?
Et ne vous dis-je pas quel motif me retient ?
J'en vais prendre pour juge Éliante qui vient.

# Scène 3

### ÉLIANTE, PHILINTE, CÉLIMÈNE,
### ORONTE, ALCESTE

### CÉLIMÈNE

Je me vois, ma cousine, ici persécutée
Par des gens dont l'humeur y paraît concertée.
1655 Ils veulent l'un et l'autre, avec même chaleur,

---

1. J'attends que vous ne ménagiez rien ni personne.

Que je prononce entre eux le choix que fait mon cœur,
Et que, par un arrêt qu'en face il me faut rendre,
Je défende à l'un d'eux tous les soins qu'il peut prendre,
Dites-moi si jamais cela se fait ainsi.

#### ÉLIANTE

1660 N'allez point là-dessus me consulter ici :
Peut-être y pourriez-vous être mal adressée,
Et je suis pour les gens qui disent leur pensée.

#### ORONTE

Madame, c'est en vain que vous vous défendez.

#### ALCESTE

Tous vos détours ici seront mal secondés.

#### ORONTE

1665 Il faut, il faut parler, et lâcher la balance.

#### ALCESTE

Il ne faut que poursuivre à garder le silence.

#### ORONTE

Je ne veux qu'un seul mot pour finir nos débats.

#### ALCESTE

Et moi, je vous entends si vous ne parlez pas.

# Scène 4

ACASTE, CLITANDRE, ARSINOÉ, PHILINTE,
ÉLIANTE, ORONTE, CÉLIMÈNE, ALCESTE

### ACASTE

Madame, nous venons tous deux, sans vous déplaire,
1670 Éclaircir avec vous une petite affaire.

### CLITANDRE

Fort à propos, Messieurs, vous vous trouvez ici,
Et vous êtes mêlés dans cette affaire aussi.

### ARSINOÉ

Madame, vous serez surprise de ma vue ;
Mais ce sont ces Messieurs qui causent ma venue :
1675 Tous deux ils m'ont trouvée, et se sont plaints à moi
D'un trait à qui mon cœur ne saurait prêter foi.
J'ai du fond de votre âme une trop haute estime,
Pour vous croire jamais capable d'un tel crime :
Mes yeux ont démenti leurs témoins les plus forts ;
1680 Et l'amitié passant sur de petits discords,
J'ai bien voulu chez vous leur faire compagnie,
Pour vous voir vous laver de cette calomnie.

### ACASTE

Oui, Madame, voyons, d'un esprit adouci,
Comment vous vous prendrez à soutenir ceci.
1685 Cette lettre par vous est écrite à Clitandre ?

### CLITANDRE

Vous avez pour Acaste écrit ce billet tendre ?

### ACASTE

Messieurs, ces traits pour vous n'ont point d'obscurité,
Et je ne doute pas que sa civilité
À connaître sa main n'ait trop su vous instruire ;
1690 Mais ceci vaut assez la peine de le lire.

*Vous êtes un étrange homme de condamner mon enjoue-
ment, et de me reprocher que je n'ai jamais tant de joie que
lorsque je ne suis pas avec vous. Il n'y a rien de plus injuste ; et
si vous ne venez bien vite me demander pardon de cette offense,
je ne vous la pardonnerai de ma vie. Notre grand flandrin*[1] *de
Vicomte…*

Il devrait être ici[2].

*Notre grand flandrin de Vicomte, par qui vous commencez vos
plaintes, est un homme qui ne saurait me revenir ; et depuis que
je l'ai vu, trois quarts d'heure durant, cracher dans un puits pour
faire des ronds, je n'ai pu jamais prendre bonne opinion de lui.
Pour le petit Marquis…*

C'est moi-même, Messieurs, sans nulle vanité.

*Pour le petit Marquis, qui me tint hier longtemps la main, je
trouve qu'il n'y a rien de si mince que toute sa personne ; et ce
sont de ces mérites qui n'ont que la cape et l'épée*[3]. *Pour l'homme
aux rubans verts*[4]…

---

1. Terme péjoratif pour désigner un homme grand et maigre.
2. Dommage qu'il ne soit pas ici.
3. Ne sont que des apparences.
4. Par ce signe distinctif de son costume, Alceste manifeste à la fois
son amour et sa jalousie, symbolisés par la couleur verte, et il est vêtu
somptueusement mais de façon quelque peu ridicule.

À vous le dé[1], Monsieur.

*Pour l'homme aux rubans verts, il me divertit quelquefois avec ses brusqueries et son chagrin bourru; mais il est cent moments où je le trouve le plus fâcheux du monde. Et pour l'homme à la veste...*

Voici votre paquet.

*Et pour l'homme à la veste, qui s'est jeté dans le bel esprit et veut être auteur malgré tout le monde, je ne puis me donner la peine d'écouter ce qu'il dit; et sa prose me fatigue autant que ses vers. Mettez-vous donc en tête que je ne me divertis pas toujours si bien que vous pensez; que je vous trouve à dire[2] plus que je ne voudrais, dans toutes les parties où l'on m'entraîne; et que c'est un merveilleux assaisonnement aux plaisirs qu'on goûte que la présence des gens qu'on aime.*

### CLITANDRE

Me voici maintenant moi.

Votre Clitandre dont vous me parlez, et qui fait tant le douce-reux, est le dernier des hommes pour qui j'aurais de l'amitié. Il est extravagant de se persuader qu'on l'aime; et vous l'êtes de croire qu'on ne vous aime pas. Changez, pour être raisonnable, vos sentiments contre les siens; et voyez-moi le plus que vous pourrez pour m'aider à porter le chagrin d'en être obsédée.

D'un fort beau caractère on voit là le modèle,
Madame, et vous savez comment cela s'appelle?
Il suffit: nous allons l'un et l'autre en tous lieux
Montrer de votre cœur le portrait glorieux.

---

1. À votre tour.
2. Je vous regrette.

### ACASTE

1695 J'aurais de quoi vous dire, et belle est la matière ;
     Mais je ne vous tiens pas digne de ma colère ;
     Et je vous ferai voir que les petits marquis
     Ont, pour se consoler, des cœurs du plus haut prix.

*Les marquis sortent de scène.*

### ORONTE

     Quoi ? de cette façon je vois qu'on me déchire,
1700 Après tout ce qu'à moi je vous ai vu m'écrire !
     Et votre cœur, paré de beaux semblants d'amour,
     À tout le genre humain se promet tour à tour !
     Allez, j'étais trop dupe, et je vais ne plus l'être.
     Vous me faites un bien, me faisant vous connaître :
1705 J'y profite d'un cœur qu'ainsi vous me rendez,
     Et trouve ma vengeance en ce que vous perdez.

*À Alceste.*

     Monsieur, je ne fais plus d'obstacle à votre flamme,
     Et vous pouvez conclure affaire avec Madame.

### ARSINOÉ

     Certes, voilà le trait du monde le plus noir ;
1710 Je ne m'en saurais taire, et me sens émouvoir.
     Voit-on des procédés qui soient pareils aux vôtres ?
     Je ne prends point de part aux intérêts des autres ;
     Mais Monsieur, que chez vous fixait votre bonheur,
     Un homme comme lui, de mérite et d'honneur,
1715 Et qui vous chérissait avec idolâtrie,
     Devait-il… ?

### ALCESTE

     Laissez-moi, Madame, je vous prie,

Vider mes intérêts moi-même là-dessus,
Et ne vous chargez point de ces soins superflus.
Mon cœur a beau vous voir prendre ici sa querelle[1],
1720 Il n'est point en état de payer ce grand zèle ;
Et ce n'est pas à vous que je pourrai songer,
Si par un autre choix je cherche à me venger.

### ARSINOÉ

Hé ! croyez-vous, Monsieur, qu'on ait cette pensée,
Et que de vous avoir on soit tant empressée ?
1725 Je vous trouve un esprit bien plein de vanité,
Si de cette créance il peut s'être flatté.
Le rebut de Madame est une marchandise
Dont on aurait grand tort d'être si fort éprise.
Détrompez-vous, de grâce, et portez-le moins haut :
1730 Ce ne sont pas des gens comme moi qu'il vous faut ;
Vous ferez bien encor de soupirer pour elle,
Et je brûle de voir une union si belle.

*Elle se retire.*

### ALCESTE

Hé bien ! je me suis tu, malgré ce que je vois,
Et j'ai laissé parler tout le monde avant moi :
1735 Ai-je pris sur moi-même un assez long empire,
Et puis-je maintenant… ?

### CÉLIMÈNE

Oui, vous pouvez tout dire :
Vous en êtes en droit, lorsque vous vous plaindrez,
Et de me reprocher tout ce que vous voudrez,
J'ai tort, je le confesse, et mon âme confuse

---

1. Prendre la défense de mon cœur.

1740 Ne cherche à vous payer d'aucune vaine excuse.
　　J'ai des autres ici méprisé le courroux,
　　Mais je tombe d'accord de mon crime envers vous.
　　Votre ressentiment, sans doute, est raisonnable :
　　Je sais combien je dois vous paraître coupable,
1745 Que toute chose dit que j'ai pu vous trahir,
　　Et qu'enfin vous avez sujet de me haïr.
　　Faites-le, j'y consens.

ALCESTE

　　　　　　　　Hé ! le puis-je, traîtresse ?
　　Puis-je ainsi triompher de toute ma tendresse ?
　　Et quoique avec ardeur je veuille vous haïr,
1750 Trouvé-je un cœur en moi tout prêt à m'obéir ?

*À Éliante et Philinte.*

　　Vous voyez ce que peut une indigne tendresse,
　　Et je vous fais tous deux témoins de ma faiblesse.
　　Mais, à vous dire vrai, ce n'est pas encor tout,
　　Et vous allez me voir la pousser jusqu'au bout,
1755 Montrer que c'est à tort que sages on nous nomme,
　　Et que dans tous les cœurs il est toujours de l'homme.
　　Oui, je veux bien, perfide[1], oublier vos forfaits ;
　　J'en saurai, dans mon âme, excuser tous les traits,
　　Et me les couvrirai du nom d'une faiblesse
1760 Où le vice du temps porte votre jeunesse,
　　Pourvu que votre cœur veuille donner les mains[2]
　　Au dessein que j'ai fait de fuir tous les humains,
　　Et que dans mon désert, où j'ai fait vœu de vivre,
　　Vous soyez, sans tarder, résolue à me suivre :
1765 C'est par là seulement que, dans tous les esprits,

---

1. À partir de ce vers, Alceste s'adresse à Célimène.
2. Consente.

Vous pouvez réparer le mal de vos écrits,
Et qu'après cet éclat, qu'un noble cœur abhorre,
Il peut m'être permis de vous aimer encore.

CÉLIMÈNE

Moi, renoncer au monde avant que de vieillir,
1770 Et dans votre désert aller m'ensevelir !

ALCESTE

Et s'il faut qu'à mes feux votre flamme réponde,
Que vous doit importer tout le reste du monde ?
Vos désirs avec moi ne sont-ils pas contents ?

CÉLIMÈNE

La solitude effraye une âme de vingt ans :
1775 Je ne sens point la mienne assez grande, assez forte,
Pour me résoudre à prendre un dessein de la sorte.
Si le don de ma main peut contenter vos vœux,
Je pourrai me résoudre à serrer de tels nœuds ;
Et l'hymen[1]...

ALCESTE

Non : mon cœur à présent vous déteste.
1780 Et ce refus lui seul fait plus que tout le reste.
Puisque vous n'êtes point, en des liens si doux,
Pour trouver tout en moi, comme moi tout en vous.
Allez, je vous refuse, et ce sensible outrage
De vos indignes fers[2] pour jamais me dégage.

> *Célimène se retire, et Alceste parle à Éliante.*

---

1. Le mariage.
2. Liens amoureux (les fers sont une image traditionnelle de l'esclavage amoureux, image dans la langue galante).

1785 Madame, cent vertus ornent votre beauté,
     Et je n'ai vu qu'en vous de la sincérité ;
     De vous, depuis longtemps, je fais un cas extrême ;
     Mais laissez-moi toujours vous estimer de même ;
     Et souffrez que mon cœur, dans ses troubles divers,
1790 Ne se présente point à l'honneur de vos fers :
     Je m'en sens trop indigne, et commence à connaître
     Que le Ciel pour ce nœud ne m'avait point fait naître ;
     Que ce serait pour vous un hommage trop bas
     Que le rebut d'un cœur qui ne vous valait pas ;
1795 Et qu'enfin…

                          ÉLIANTE

               Vous pouvez suivre cette pensée :
     Ma main de se donner n'est pas embarrassée ;
     Et voilà votre ami, sans trop m'inquiéter,
     Qui, si je l'en priais, la pourrait accepter.

                          PHILINTE

     Ah ! cet honneur, Madame, est toute mon envie,
1800 Et j'y sacrifierais et mon sang et ma vie.

                          ALCESTE

     Puissiez-vous, pour goûter de vrais contentements,
     L'un pour l'autre à jamais garder ces sentiments !
     Trahi de toutes parts, accablé d'injustices,
     Je vais sortir d'un gouffre où triomphent les vices,
1805 Et chercher sur la terre un endroit écarté
     Où d'être homme d'honneur on ait la liberté.

                          PHILINTE

     Allons, Madame, allons employer toute chose,
     Pour rompre le dessein que son cœur se propose.

*Du tableau*

*au texte*

Bertrand Leclair

# Du tableau au texte

*Vanité (autoportrait)*
par David Bailly

*… vanité de coquette, vanité de rimailleur, vanité de
courtisan, vanité de bigot…*

Ce n'est pas le moins puissant des paradoxes du *Misanthrope* qu'à la toute dernière scène Alceste soit expressé-
ment renvoyé à la vanité, lui qui a tant dénoncé celle
des autres, vanité de coquette, vanité de rimailleur, vanité
de courtisan, vanité de bigot… Blessée de se voir défini-
tivement rejetée, Arsinoé ne le lui envoie pas dire :
« Hé ! croyez-vous, Monsieur, qu'on ait cette pensée, /
Et que de vous avoir on soit tant empressée ? / Je vous
trouve un esprit bien plein de vanité, / Si de cette créance
il peut s'être flatté. » Existe-t-il rien d'aussi insaisissable
que le sentiment d'autrui ? Vanité de l'amour !

*Memento mori* (« souviens-toi que tu mourras ! ») : en
peinture plus encore qu'en littérature, la vanité et le
caractère fugace de toutes les actions humaines ont
beaucoup préoccupé le XVIIᵉ siècle, qui en a souvent fait
le révélateur d'une hypocrisie intrinsèque aux conventions sociales. C'est à cette époque que l'on a nommé
« vanités » des tableaux symbolisant le passage du temps
et renvoyant de manière allégorique au caractère éphé-

mère de l'existence humaine pour modérer l'importance qu'il convient d'accorder à ses dimensions matérielles. La peinture de vanités était si courante à l'âge baroque qu'elle est devenue une catégorie à part entière. Le crâne humain, symbole pictural de la mort, s'est répandu, et si l'on ose l'écrire, comme une traînée de poudre dans les ateliers des peintres, et de façon plus marquante encore dans les pays protestants comme la Hollande, puisque le terme même de vanité renvoie à l'une des phrases les plus célèbres de l'Ancien Testament : «Vanité des vanités, tout est vanité», lit-on dans l'Ecclésiaste. Cette sentence est d'ailleurs reproduite, dans *Vanité (autoportrait)* de David Bailly (1584-1657), sur la feuille portant la signature qui, en bas et à droite du tableau, ne tient à la table que par le poids d'un livre (vanité du savoir!).

*... la vanité autorisait des variations innombrables...*

La première vanité que l'on connaisse est d'ailleurs due à un autre peintre hollandais, Jacques de Gheyn le jeune, qui a représenté en 1603 un crâne entre deux vases, celui de gauche contenant une fleur quand il n'en reste plus rien dans celui de droite, si vite allant la vie, cette éphémère. Pour autant, au XVIIᵉ siècle le fait que la vanité renvoie à l'Ancien Testament n'a pas limité son essor aux terres protestantes, et n'en fait pas exclusivement un exercice baroque. Ainsi, le peintre français Philippe de Champaigne, qui était aussi classique dans son geste qu'il était somptueux dans ses couleurs et qui fut le portraitiste attitré de Richelieu avant de se rapprocher des jansénistes de Port-Royal, a lui aussi peint une célèbre *Vanité, ou Allégorie de la vie humaine*. Datée de 1644, elle est d'autant plus impressionnante qu'on peut la dire réduite à son épure, ou son essence : on y voit, regroupés sur un même plan, une fleur dans un vase, un crâne et un sablier.

Si la vanité était aussi répandue au XVIIe siècle, c'est qu'elle autorisait des variations innombrables. Chaque peintre choisissait par les objets représentés de mettre l'accent sur la vanité du savoir, la vanité de l'amour ou la vanité de la conquête du pouvoir. C'est pourquoi elle était le plus souvent conçue comme une nature morte, ce qui contribua d'ailleurs grandement à la constitution de la nature morte en tant que genre à la même époque. Bien plus que par son caractère foisonnant, c'est parce qu'il échappe à la nature morte d'une façon vertigineuse que le tableau de David Bailly est unique en son genre. Certes, de nombreux peintres ont aussi mêlé le portrait et la vanité (Frans Hals a peint un magnifique *Jeune Homme au crâne*), mais ce tableau de Bailly est sans doute un cas unique d'être un double autoportrait : le tableau dans le tableau, celui que désigne le personnage principal de sa main gauche, semble fort représenter le même homme plus âgé d'une quarantaine d'années.

*... se représenter à deux âges différents pour redoubler la signification de la vanité...*

C'est là l'idée géniale du peintre : se représenter lui-même à deux âges différents pour redoubler la signification traditionnelle de la vanité en illustrant le passage du temps non plus par des symboles, mais par son propre visage, fluctuant au fil du temps (le crâne ne serait qu'une troisième étape, en somme). Encore faut-il immédiatement préciser, car c'est bien plus intéressant encore, que Bailly a peint cette huile sur bois en 1651. Il avait donc atteint l'âge de soixante-sept ans. Il est difficile d'admettre que le peintre se représentant à cet âge se soit peint aussi jeune et fringant que le personnage principal de notre tableau. Cela ne peut que nous conforter dans l'idée que le véritable autoportrait de l'artiste est celui qui figure dans le petit tableau ovale. Cela justifie du même mouvement une autre particularité de cet autoportrait : au contraire du personnage principal qui n'est manifestement pas en train de peindre (ce qui est curieux pour un autoportrait de peintre), le cadrage du portrait ovale s'inscrit dans la tradition des autoportraits, laissant la possibilité d'imaginer un chevalet en face du modèle et un miroir à la place du spectateur.

Si le véritable portrait du peintre en train de peindre est bien celui qui figure dans le tableau au centre de la toile, il en résulte une inversion du présent et du passé : toutes les conventions et même la logique veulent qu'un tableau dans le tableau ait été peint avant l'œuvre qui l'inclut. Le tableau dans le tableau représente donc le passé, quand le tableau lui-même s'inscrit dans le présent du peintre. En faisant du tableau dans le tableau le lieu de la vérité et du temps présent, Bailly fait de son personnage principal un être fictif : il serait soit le peintre plus jeune présenté comme une réalité alors qu'il n'est plus qu'une fiction depuis longtemps, soit la projection que le peintre persiste à faire de lui-même lorsqu'il échappe au miroir, s'imaginant — non sans vanité — être toujours le jeune homme qu'il fut, le jeune homme qu'intérieurement il resterait.

*… n'est-on pas toujours un peu ce que l'on dénonce ?…*

Bailly, en tout cas, réussit ici une prouesse, signifier l'inversion possible du temps qui ne peut qu'entraîner au vertige interprétatif : où est la vérité, où la fiction ? Et où situer, au bout du compte, la vanité ? La confrontation à la mort, ou plutôt à son idée (le principe même de la vanité), conduit toujours à une interrogation sur la vérité et la fiction, et l'on pourrait prêter à Bailly la volonté ironique de nous interroger sur les limites de cette confrontation qui peut, au prétexte d'une quête de la vérité, en éloigner. Peindre des vanités n'est-il pas d'une grande… vanité ? S'il s'agit par l'art de la vanité de dénoncer les turpitudes des uns et les hypocrisies des autres, s'il s'agit de leur opposer la vertu, la question ne peut que s'imposer, et peut-être est-ce la question principale de notre tableau : n'est-on pas toujours un peu ce que l'on dénonce ? Voilà bien une question qui pourrait nous ramener au *Misanthrope* — qui reste ambigu, lui aussi, jusque dans la toute dernière réplique d'Alceste : « Je vais sortir d'un gouffre où triomphent les vices, / Et chercher sur la terre un endroit écarté / Où d'être homme d'honneur on ait la liberté. » Mais qu'est-ce qu'un homme « d'honneur », qualité sociale s'il en est, dans un désert, ce désert où Célimène refuse d'aller « s'ensevelir » ? Ensevelir, ce n'est pas un terme anodin. C'est pour le coup un terme qui renvoie effectivement à la mort et s'y confronte. Le rêve d'Alceste, c'est la mort, en tout cas la mienne, signifie Célimène.

Si le duc de Saint-Simon avait cru reconnaître le duc de Montausier gouverneur du Dauphin dans le person-

nage d'Alceste, si, d'après Nicolas Boileau lui-même,
Molière aurait confié à ce dernier qu'il l'avait pris pour
« modèle » en décrivant « le chagrin de ce Misanthrope
contre les mauvais vers », on a également souvent dit
que Molière n'avait eu qu'à beaucoup s'observer lui-
même pour déployer son *Misanthrope*, d'autant que ses
rapports avec Armande Béjart lui avaient inspiré un
certain nombre de répliques et de situations. Il ne s'agit
cependant que d'un matériau biographique, des éléments
disparates dont Molière a nourri sa pièce, y compris
dans sa dimension comique : *Le Misanthrope* n'est pas un
autoportrait.

*… le degré de comique et de ridicule du personnage a
beaucoup varié…*

Ce qui rapproche indubitablement les deux œuvres,
qui sont presque contemporaines, tient plutôt à leur
caractère insaisissable, face aux hypocrisies sociales, au
sens où nul ne peut arrêter leur signification, « en
vérité ». On sait à quel point la lecture du *Misanthrope* a
pu évoluer au long des siècles qui ont suivi sa création.
Il semble qu'Alceste, dans sa dénonciation des conventions hypocrites que la société exige des individus et du
manque de franchise entre les êtres qui en résulte (et
donc de l'impossibilité, dans ces conditions, d'atteindre
à l'amour), a toujours paru sympathique au public, mais
le degré de comique et de ridicule du personnage a,
lui, beaucoup varié. Dans une critique parue en préface
de la première édition du *Misanthrope* (1667), avec l'aval
évidemment de Molière, Donneau de Visé affirmait clairement la dimension comique d'Alceste, que jouait

Molière lui-même, sans négliger de noter son caractère « d'honnête homme » montrant une fermeté qui le rendait « plaisant sans être trop ridicule ». Bref, sa dénonciation des travers de l'époque était fondée, et le comique résultait de son caractère trop entier et excessif — il n'est certes pas modeste, Alceste, et d'une certaine manière, il est effectivement vaniteux.

C'est la très grande force de la pièce : Molière au bout du compte met en crise autant le personnage radical à qui va sa sympathie que la société de son temps, société qu'il fait défiler tout entière sur le plateau à travers les personnages qui s'y succèdent. Les deux critiques se superposent et se nourrissent l'une l'autre. Dès lors, c'est à chaque spectateur de décider ce qui à ses yeux l'emporte, de la vanité d'Alceste ou de la vérité de son regard sur la vanité de son milieu — et suivant les époques, le point de vue général a varié : à la fin du XVIIIe siècle, avec Jean-Jacques Rousseau, Alceste emportait la sympathie. Les romantiques le virent comme un héros ténébreux, victime de la passion amoureuse. L'interprétation continue d'osciller, aujourd'hui encore : la pièce, en somme, est si forte que l'impression qu'en retire un public nous en dit plus sur ce public lui-même que sur le texte.

*… C'est une autre dimension étonnante du tableau que son foisonnement…*

Non seulement *Vanité (autoportrait)* de Bailly, on l'a vu, entraîne lui aussi à une forme de vertige de l'interprétation, mais de même, à sa manière, il fait défiler tous les caractères les plus appréciés de son époque.

C'est une autre dimension étonnante du tableau que son foisonnement, un foisonnement qui n'est pas innocent de la part d'un peintre dont les deux spécialités étaient la peinture de portrait et celle de vanités, justement, et qui maîtrisait donc parfaitement les registres symboliques des différentes sortes de vanités, que celles-ci mettent l'accent sur la vanité des plaisirs, ou celle des connaissances, par exemple. Né en 1584 à Leyde (comme Rembrandt), Bailly n'a pas laissé une œuvre considérable ; cette *Vanité (autoportrait)* est le plus connu de ses tableaux. On sait qu'il s'installa à Amsterdam comme peintre après avoir effectué jeune un long voyage en Italie (s'arrêtant à Venise et à Rome) et en Allemagne. Mort en 1657, six ans après avoir peint notre tableau, il a surtout laissé des portraits, en particulier un beau *Portrait d'un botaniste*, enseignant à l'université de Leiden, qu'on peut voir au Metropolitan Museum de New York, et son *Portrait d'Anthony de Wale, professeur de théologie*, qui se trouve au Rijksmuseum d'Amsterdam. C'est également dans ce musée d'Amsterdam qu'on peut admirer un *Autoportrait* brossé sur papier, datant de 1625, très réussi dans l'effet qu'il produit : il semble avoir été dessiné à la lumière d'une chandelle. Cet autoportrait pourrait en quelque sorte constituer un relais entre les deux représentations du peintre que donne notre *Vanité*; il permet en tout cas d'affirmer qu'en 1625, à peine passé le cap de la quarantaine, le peintre ressemblait déjà plus au vieillard qu'il allait devenir qu'au jeune homme du tableau (ce qui permet de supposer qu'il s'est représenté tel qu'il pensait paraître lorsqu'il était âgé d'une vingtaine d'années).

Le foisonnement du tableau, de fait, touche à tous les registres. Si certains éléments peuvent porter une double signification (ainsi de la pipe, qui renvoie aussi bien au temps qu'au plaisir, ou des statuettes, qui renvoient autant à l'art ou à l'amour qu'à la propriété), on peut cependant les classer par registres symboliques. Outre le crâne, la bougie à demi consumée, les roses épanouies et qui bientôt faneront, la fine pipe d'ivoire, le verre à pied vide et même renversé, le sablier presque caché derrière une brillante figurine (tout à fait à la droite du tableau), la montre·et, bien sûr, les étonnantes bulles qui flottent sur la scène, renvoient explicitement au passage du temps. Les pièces de monnaie et les objets précieux, dont le collier, sont le symbole de la richesse et de l'accumulation de biens matériels. Beaucoup d'éléments tendent à symboliser, au-delà de la vanité des plaisirs, celle de l'art lui-même : on remarque l'abondance des renvois à la musique (une flûte partiellement cachée par le portrait ovale, mais aussi le dessin, accroché au mur, d'un joueur de mandoline). On peut encore relever que le peintre, alors qu'il ne se représente pas en train de peindre, a pris soin d'accrocher au mur une palette curieusement intacte, à moins qu'elle ne soit retournée. Enfin, la présence de plusieurs livres dont l'un est entrouvert, d'un coupe-papier et d'un rouleau (un manuscrit ?) renvoie explicitement au savoir livresque, à la quête de la connaissance. À travers cette collection d'objets symboliques, c'est toute la plus brillante société du « siècle d'or » hollandais qui tourne autour d'un crâne.

Enfin, un dernier signe important réclame d'être souligné lorsqu'on associe le tableau à une pièce de Molière : la lourde tenture de droite ne demande, visiblement, qu'à être relâchée pour retomber devant la table, comme au théâtre le rideau tombera sur la scène des vanités. Le tout jeune homme qui, non sans vanité, nous dévoile

sa table des vanités, pourrait d'un geste de baguette
renvoyer l'ensemble à son secret. Est-ce là une vanité
des vanités? Allons bon... Le monde est un théâtre,
mieux vaut s'en amuser...

# Le texte

## en perspective

*Ève-Marie Rollinat-Levasseur*

**Mouvement littéraire :** Le siècle de Molière
et du théâtre **129**

   1. De nouvelles lettres de noblesse pour le théâtre   130
   2. L'âge d'or du théâtre   133

**Genre et registre :** La Grande Comédie **141**

   1. L'anoblissement du genre comique   142
   2. La société, au miroir de la comédie   145

**L'écrivain à sa table de travail :** Écrire pour la
scène **151**

   1. Jeux de réécritures   152
   2. La fabrique d'une œuvre   155
   3. Naissance d'un auteur « classique »   159

**Groupement de textes :** Un objet scénique en mal
de destinataire : la lettre **162**

Euripide, *Hippolyte* (164) ; Pierre-Augustin Caron de
Beaumarchais, *Le Mariage de Figaro* (166) ; Alfred de
Musset, *On ne badine pas avec l'amour* (170) ; Edmond
Rostand, *Cyrano de Bergerac* (173).

**Chronologie :** Molière et son temps **178**

   1. Tout pour le théâtre   179
   2. La stratégie du succès   181
   3. Molière et la postérité   184

**Éléments pour une fiche de lecture** **189**

# Mouvement littéraire

## Le siècle de Molière et du théâtre

LE SIÈCLE DE LOUIS XIV est aussi celui de l'incomparable règne de Molière : l'homme de théâtre a, non seulement inventé des spectacles extraordinaires pour divertir le roi et sa cour, mais il a profondément renouvelé l'art dramatique, tant par les innovations de sa technique de jeu que par la forme des pièces qu'il a composées, farces, comédies ou comédies-ballets mêlant diversement théâtre, musique et danse. Si le génie de Molière a pu trouver l'opportunité d'un tel épanouissement artistique, c'est parce que la monarchie absolue a protégé le théâtre, voyant dans ce divertissement le moyen de refléter son éclat. Sous Louis XIII d'abord, Richelieu a compris l'intérêt politique qu'il y avait à une restauration du théâtre français. Louis XIV, ensuite, par son goût des arts et des plaisirs, mais aussi par son sens spectaculaire du pouvoir, a permis à la France de se doter d'un répertoire théâtral exceptionnel.

# *1.*

## De nouvelles lettres de noblesse pour le théâtre

### 1. *Des tréteaux au théâtre*

Au début du siècle, la vie théâtrale est encore balbutiante à Paris. Les farceurs font le bonheur des spectateurs : Gros-Guillaume, Gautier-Garguille, Turlupin et Tabarin jouent sur le Pont-Neuf, place Dauphine ou à l'Hôtel de Bourgogne. Mais les troupes ne peuvent s'installer durablement : il n'y a pas véritablement de salles de théâtre et les Confrères de la Passion, ces corporations dramatiques héritées du Moyen Âge, exercent un monopole sur les représentations, soumettant les comédiens à des conditions financières très rudes. Les troupes restent donc itinérantes et peu stables. Et les auteurs, tout à leur service, sont des poètes à gages, contraints de leur livrer rapidement des textes sans avoir le droit de les publier, les acteurs gardant l'exclusivité sur une pièce tant qu'elle n'est pas éditée. À partir de 1630, l'heureuse rencontre entre des chefs de troupe talentueux, des auteurs dramatiques lettrés, un pouvoir royal qui veut favoriser le développement des arts et un public prêt à s'enthousiasmer pour la comédie va transformer le théâtre français : c'est précisément l'époque de la jeunesse de Molière.

### 2. *Le théâtre sous le regard de Richelieu*

La passion de Richelieu pour le théâtre est déterminante. À partir du moment où le Cardinal devient ministre d'État en 1629, il manifeste sa volonté de restaurer le théâtre français. Il s'entoure d'hommes de lettres, notamment les poètes ou dramaturges Chapelain, Boisrobert ou Desmarets de Saint-Sorlin, dont il sollicite les avis. Il invite les jeunes talents à composer pour le théâtre, les encourageant par la mise en place d'un véritable système de mécénat qui leur assure des subsides afin de les dégager de la tutelle des comédiens. Il les engage à s'investir parallèlement dans une réflexion esthétique pour apporter au théâtre des fondements théoriques qui anoblissent le genre dramatique. De son côté, le roi permet aux troupes de l'Hôtel de Bourgogne et du Marais de se structurer grâce aux subventions qu'il leur accorde. Mais il n'hésite pas non plus à intervenir dans leur composition. Et surtout, par une déclaration royale de 1641, deux ans avant que Molière ne se lance dans l'aventure de l'Illustre-Théâtre, Louis XIII réhabilite la profession de comédien, autrefois tant décriée, en exigeant toutefois des acteurs qu'ils ne représentent « aucunes actions malhonnêtes » et n'usent « d'aucune parole lascive ou à double entente qui puisse blesser l'honnêteté publique ». Ainsi, la promotion du théâtre va de pair avec le désir aigu de son contrôle et de sa mise au service d'une politique absolutiste. Car, en rendant le théâtre honnête, Richelieu et Louis XIII participent aussi à la modélisation de son public : ils en font un instrument de sociabilité mondaine qui repose sur un idéal d'urbanité et de savoir-vivre aristocratiques.

## 3. *La doctrine classique : les plaisirs de l'illusion théâtrale*

L'intérêt du pouvoir crée alors un climat d'effervescence sans pareil. Conscients qu'écrire pour la scène

peut leur apporter une gloire éclatante, des jeunes gens
ambitieux se lancent dans l'aventure théâtrale : Mairet,
Du Ryer, Georges de Scudéry, Mareschal, Tristan L'Her-
mite, Corneille, Rotrou rivalisent, offrant aux spectateurs comédies et tragicomédies, genre qu'ils mettent
en vogue avant de lui préférer, rénovée, la noblesse de
la tragédie. Car, parallèlement, ces dramaturges ne
cessent de débattre de questions poétiques avec d'autres
esprits lettrés, comme Godeau, Chapelain ou d'Aubignac. Les débats sont vifs et passionnés comme en
témoigne la fameuse querelle qui suit le succès du *Cid*
de Corneille en 1636.

Ce sont de ces échanges sur la nécessité de règles
s'opposant à celle de la liberté d'écrire que naît la
doctrine classique au cours de la décennie 1630-1640.
C'est le principe d'une esthétique de l'illusion qui l'emporte, associé à l'idée que seule une poétique fondée
sur la vraisemblance peut plaire au spectateur, par nature
doué de raison. Les autres préceptes de l'art dramatique découlent de celui de la vraisemblance : unité
d'action, unité de lieu et de temps, mais aussi bienséance, s'imposent même si leur interprétation, stricte
ou large, continue à susciter longtemps des contro-
verses. Le principe d'imitation, tant celle des anciens
que celle de la nature, mais aussi le principe de la double
finalité de l'art, son utilité morale et le plaisir, ces règles
qui régissent la poésie depuis l'Antiquité s'ajoutent à
cette doctrine. Cette théorie esthétique considère donc
le théâtre dans sa dimension spectaculaire et littéraire.
Mais elle s'appuie aussi sur une analyse constante de la
réception de l'œuvre dramatique. Car, en définitive,
c'est l'adhésion de tous — auteurs, poéticiens et public
— à une esthétique de l'illusion théâtrale ainsi comprise
qui lui assure son efficacité : la doctrine classique renvoie

une image de ce que veut voir sur scène un siècle pour qui l'honnêteté et la politesse doivent devenir un art de vivre.

Lorsque Molière s'engage dans la profession de comédien, le théâtre français est déjà profondément rénové : des acteurs d'exception, comme Mondory ou Bellerose, ont apporté à la scène un style élevé et les auteurs dramatiques lui offrent un répertoire de haute tenue. Ce sont leurs tragicomédies et leurs tragédies que Madeleine Béjart et Molière commencent par jouer devant leurs spectateurs.

## 2.

## L'âge d'or du théâtre

### 1. *Louis XIV : faste, fêtes et théâtre*

La mort de Richelieu puis celle de Louis XIII portent un coup d'arrêt à leur politique : Mazarin préfère l'opéra italien et supprime les gratifications royales en faveur du théâtre. Mais les princes et les grands personnages du royaume affectionnent toujours les divertissements spectaculaires et le théâtre. C'est ainsi que Molière trouve des mécènes pendant plus de vingt ans : Gaston d'Orléans, le duc d'Épernon, le prince de Conti, notamment, ainsi que Fouquet pour lequel il compose *Les Fâcheux* à l'occasion de la magnifique fête de Vaux-le-Vicomte. Mais, à partir de 1661, le jeune Louis XIV accompagne sa prise de pouvoir personnel par l'instauration d'un mécénat royal tout au service de l'éblouissante mise en scène qu'il veut donner de sa politique absolutiste.

Le théâtre, art spectaculaire, occupe une place émi-

nente dans ce dispositif de célébration du pouvoir : il
« permet de mieux mettre en évidence la dimension
sacrée du prince » par « ses affinités avec le cérémonial
religieux », comme l'a montré le critique Jean-Marie
Apostolidès. Dans le cadre des très nombreuses fêtes
commandées par le Roi-Soleil à Versailles, Saint-Germain,
Fontainebleau ou Paris, le théâtre est toutefois en
concurrence avec d'autres arts : avant tout la musique
et la danse — entre 1650 et 1670, le jeune monarque
aura lui-même dansé soixante-dix-neuf rôles ! —, mais
aussi architecture, sculptures, fontaines et jardins,
auxquels il sert parfois de faire-valoir, ou encore feux
d'artifices et festins d'une beauté inégalée.

Le privilège de participer à ces divertissements sti-
mule la créativité d'un chef de troupe tel que Molière.
Il doit, parfois en des temps record — quelques jours
seulement pour le *Mariage forcé* ! —, imaginer un spectacle toujours inédit, lequel ne sera qu'un des éléments
des nombreuses réjouissances. Il doit aussi accepter de
partager le renom d'une œuvre collective avec les autres
artistes sollicités, quelles que soient leurs rivalités ou
inimitiés. Mais travailler pour le plaisir du roi est une
incitation à se lancer dans d'extraordinaires expérimen-
tations artistiques tout en offrant l'accès à des moyens
exceptionnels. Ainsi, en 1671, Molière a pu créer en
moins de sept semaines *Psyché*, une fabuleuse pièce à
machines ornée d'intermèdes musicaux et dansés, dans
la salle du palais des Tuileries qui venait d'être rénovée :
non seulement, il a dû collaborer avec l'orgueilleux Lully,
avec le maître de ballet Pierre Beauchamp, avec le déco-
rateur Carlo Vigarini, mais aussi, pour achever à temps,
demander à d'autres poètes — et non des moindres :
Pierre Corneille et Quinault — de l'aider à versifier le
canevas qu'il avait établi.

Au service du roi, Molière joue un rôle crucial dans l'évolution du ballet de cour par le succès et la variété des comédies-ballets qu'il imagine. Fondées sur une esthétique du spectacle total, ces œuvres lui permettent d'éclipser le librettiste qui le précédait, Benserade, et lui font employer sa connaissance du théâtre et de la littérature pour investir ces ballets d'une force fictionnelle nouvelle tout en jouant avec fantaisie de plusieurs registres possibles : ses comédies-ballets ont tour à tour un ton burlesque, héroïque, tragique, pastoral ou galant. À partir de 1672, elles cèdent toutefois devant l'opéra : Lully, qui veut établir un monopole sur son art, semble l'emporter sur Molière, la musique triompher du théâtre. C'est que, désormais, la Cour n'est plus invitée à danser lors des divertissements royaux mais l'est seulement à admirer le spectacle d'une musique toute à la gloire du monarque.

Pendant plus de dix ans, ces œuvres grandioses imaginées pour Louis XIV auront aussi nourri la création théâtrale française. Les théâtres parisiens peuvent s'enorgueillir d'offrir à leurs spectateurs les mêmes comédies-ballets qui ont plu à la Cour. Et le renouvellement de l'écriture dramatique, dont Molière est un exemple éclatant avec les nombreuses comédies qu'il n'a cessé de composer parallèlement pour la scène, est une preuve du dynamisme insufflé au théâtre par Louis XIV.

## 2. *La guerre des théâtres : concurrence et émulation*

À partir du moment où le roi offre à Molière la salle du Petit-Bourbon, en 1659, quatre troupes se partagent âprement le public parisien : la sienne, les Comédiens-Italiens, l'Hôtel de Bourgogne, qui excelle dans le répertoire tragique, et le Théâtre du Marais, qui investit dans les pièces à machines. La concurrence est rude et les pousse à se spécialiser dans un répertoire : Molière se moque volontiers dans ses pièces de la diction boursouflée des Grands-Comédiens de l'Hôtel de Bourgogne, lesquels lui rendent la pareille, l'accusant de « singer » les Italiens, mais le dramaturge se distingue peu à peu de ses rivaux en proposant principalement des pièces comiques, et même de grandes comédies, à ses spectateurs.

La vitalité du théâtre peut ainsi se mesurer aux coups bas qui s'échangent ou aux stratégies habiles d'exploitation de tout scandale possible. Les troupes s'arrachent les meilleurs acteurs et les comédiens eux-mêmes peuvent profiter de cette surenchère pour se faire un nom. Ainsi, en 1659, sur les instances des frères Corneille, Mlle Du Parc, célèbre pour sa grâce, quitte la troupe de Molière avec son mari pour rejoindre le Théâtre du Marais, où elle ne reste qu'une année ; puis elle revient chez Molière dont les succès sont prometteurs ; mais c'est pour rejoindre en 1666 l'Hôtel de Bourgogne où elle peut révéler ses talents dans des tragédies, comme *Andromaque* que Racine lui fait lui-même répéter. Toujours à l'affût des pièces données dans les autres salles, les théâtres demandent parfois à leurs auteurs dramatiques d'écrire sur les mêmes sujets pour les mettre à l'affiche simultanément : en 1665, l'Hôtel de Bourgogne donne une *Mère Coquette* de Quinault… tandis que Molière joue une autre *Mère coquette*, comédie de Donneau de Visé. Et les dramaturges eux-mêmes trouvent l'occasion de se faire un nom en jouant de ces rivalités : tel le jeune Racine qui, en 1665, donne à Molière sa deuxième tragédie, *Alexandre*… et la propose secrètement à l'Hôtel de Bourgogne, lequel la lance simultanément !

Paris se passionne pour le théâtre et ses comédiens, pour ses querelles et ses cabales : les libelles critiques sont multiples, et nombreux sont ceux qui trouvent le prétexte de se faire valoir en alimentant les polémiques. Ils peuvent discuter avec sévérité ou avec enthousiasme des pièces : le jeune Despréaux, bientôt connu sous le nom de Boileau, publie ses premiers vers pour défendre *L'École des femmes* et un certain sieur de Rochemont peut donner à imprimer un pamphlet d'une grande violence contre *Tartuffe*. On voit même des attaques *ad hominem*, comme l'accusation d'inceste portée contre Molière au moment de son mariage avec Armande, que certains prétendent être la fille de sa longue liaison avec Madeleine Béjart.

Le succès de l'édition théâtrale vient aussi témoigner de cet incroyable engouement pour le théâtre : non seulement les éditions pirates se multiplient, mais les libraires reconnus s'associent, se partagent le travail pour pouvoir livrer dans les plus brefs délais le texte des pièces à succès, avec ou sans l'accord de leur auteur : les livres ainsi édités sont de mauvaise qualité, mais trouvent de nombreux lecteurs, heureux de cette nouvelle ère d'industrialisation du livre. Désormais, le théâtre a un public de spectateurs et de lecteurs ! Pour les auteurs dramatiques, lutter contre les pratiques des libraires-imprimeurs et devenir maîtres de la publication de leur œuvre devient un enjeu crucial : contrôler les textes donnés à éditer leur permet de choisir l'image qu'ils veulent laisser de leurs pièces à la postérité et de prendre soin de leur figure d'auteurs littéraires. Corneille a lancé ce mouvement dès le succès du *Cid*. Mais, sous Louis XIV, le droit des auteurs est encore loin d'être acquis, comme en témoigne la lutte entre Molière et la Confrérie des libraires qui s'est arrogée, en toute illégalité, le droit de publier ses pièces et l'empêche d'user de celui qu'il a demandé à son nom. L'attachement de Molière à suivre l'édition de ses pièces témoigne néanmoins de ce que l'homme de théâtre a compris que la mémoire de son art tenait à la bonne publication de ses œuvres.

## 3. *Les trouble-fête*

La protection que Louis XIV lui accorde a pour effet de neutraliser quelque peu les ennemis du théâtre. Mais les contempteurs de ce divertissement ne manquent pas dans les années 1660. Convaincus du pouvoir nocif de la fiction et de la force de séduction insidieuse des formes spectaculaires, ils essaient toujours de se faire entendre du monarque. Et à cette époque où la politique et la religion tendent encore à se confondre, ils font valoir leurs scrupules et leur zèle dévot.

Toute l'Église n'est pas contre le théâtre, loin de là, et elle ne s'y oppose pas d'une voix unanime. Nombre de théoriciens sont d'ailleurs des hommes d'Église : ainsi l'abbé d'Aubignac, poéticien et auteur d'une *Pratique du théâtre*, publiée en 1657. Mais le succès du théâtre a pour revers de faire surgir une véritable querelle quant à sa moralité. Molière et sa troupe en font l'expérience très tôt. Le prince de Conti, qui leur a fait l'honneur de leur donner son nom dès 1653, se convertit brutalement en 1655, renonçant et reniant la vie de plaisirs et de débauche qui a été la sienne jusqu'alors, et congédie les comédiens. Dès lors, il ne se rend plus au spectacle et exprime sa condamnation absolue de la comédie dans un *Traité* publié à sa mort en 1666 : il y dénonce vigoureusement les dangers qui guettent le chrétien au théâtre face à la fallacieuse fascination de la scène.

Molière doit aussi subir des attaques violentes contre

certaines de ses comédies. Un parfum de scandale a déjà entouré l'accueil de *L'École des femmes* : certains se sont indignés des équivoques qu'ils y trouvaient, mais ils ont ainsi donné matière au dramaturge de se moquer de leurs craintes et d'en faire une nouvelle comédie, *La Critique de l'École des femmes*. Mais *Tartuffe* soulève une hostilité beaucoup plus grande contre laquelle Molière va devoir lutter pendant plusieurs années pour imposer cette œuvre : l'archevêque de Paris, qui est engagé dans une lutte intransigeante contre les jansénistes, fait valoir à Louis XIV que cette représentation d'un hypocrite sous les traits d'un dévot ne peut que semer plus encore la discorde dans l'Église. Le roi, qui a pourtant manifestement apprécié la comédie de Molière, juge alors préférable de l'interdire. Molière multiplie ses requêtes pendant cinq ans. En vain : Louis XIV témoigne de son attachement au dramaturge et le prend à son service peu après, en 1665, mais il attend 1669 pour autoriser les représentations et la publication de la pièce, ce qui coïncide avec la réconciliation des jansénistes et de l'Église. C'est aussi son *Dom Juan* qui suscite encore la colère en 1665 : sans doute Molière a-t-il très vite supprimé les passages les plus provocateurs de la rencontre avec le pauvre, à la scène 2 de l'acte III dans laquelle Dom Juan demande au pauvre de jurer en échange d'un louis. Mais la virulence du pamphlet de Rochemont contre cette comédie témoigne de la violence du débat qui ébranle tout le théâtre.

Enfin, c'est au moment du face-à-face avec la mort que l'Église n'épargne pas les comédiens, quelle qu'ait été la réhabilitation de leur profession par le pouvoir royal. À Paris, particulièrement rigoureuse, elle exige d'eux la signature d'un acte de renonciation au théâtre pour leur accorder les derniers sacrements, nécessaires pour être enterré religieusement à une époque où on ne peut avoir de sépulture en dehors des terres de l'Église. Comme d'autres membres de la troupe, Madeleine Béjart s'y est pliée et a pu être inhumée en 1672. L'année suivante, Molière meurt au sortir de la quatrième représentation du *Malade imaginaire* en présence de deux religieuses, mais sans avoir signé l'acte de renonciation : il faut alors toute l'adresse de son épouse Armande pour obtenir que le célèbre dramaturge soit enterré nuitamment et sans aucune pompe !

### Pour prolonger la réflexion

Jean-Marie APOSTOLIDÈS, *Le Roi-machine. Spectacle et politique au temps de Louis XIV*, Minuit, 1981 ; *Le Prince sacrifié. Théâtre et politique au temps de Louis XIV*, Minuit, 1985.

Deborah BLOCKER, *Instituer un « art » : politiques du théâtre dans la France du premier XVIIᵉ siècle*, Champion, 2009.

Christian BIET, *Les Miroirs du soleil. Littérature et classicisme au siècle de Louis XIV*, Gallimard, coll. « Découvertes Gallimard », 1989.

Jacqueline de JOMARON (sous la dir.), *Le Théâtre en France*, A. Colin, 1992, rééd. Livre de Poche, 1998, vol. 1.

Suzanne GUELLOUZ, *Le Classicisme*, La Bibliothèque Gallimard n° 201, « en perspective », 2007.

Alain VIALA, *Naissance de l'écrivain*, Minuit, 1985.

# Genre et registre

## La Grande Comédie

«LORSQU'ON VIENT D'EN RIRE, on devrait en pleurer!» s'exclamait Musset en 1840 après une représentation du *Misanthrope*, tant la comédie de Molière peut se prêter à des lectures sérieuses. Les contemporains ont immédiatement été sensibles au style nouveau que Molière introduisait dans le genre comique. Le dramaturge lui-même tenait à le faire valoir. Ainsi a-t-il laissé figurer en préface à l'édition de sa comédie une lettre de Donneau de Visé qui concluait ainsi : «Voilà, Monsieur, ce que je pense de la Comédie du Misanthrope Amoureux, que je trouve d'autant plus admirable que le Héros en est le Plaisant sans être trop Ridicule ; et qu'il fait rire les Honnêtes Gens, sans dire des Plaisanteries fades et basses comme l'on a accoutumé de voir dans les Pièces Comiques. Celles de cette nature me semblent plus divertissantes, encore que l'on y rit moins haut : et je crois qu'elles divertissent davantage, qu'elles attachent, et qu'elles font continuellement rire dans l'âme.».

# 1.

## L'anoblissement du genre comique

### 1. *L'héritage de la farce et de la Commedia dell'arte*

Le Grand Siècle n'a cessé d'adorer rire des farces et des comédies de la *commedia dell'arte*. Dès son début, les premiers bateleurs ont porté leur art au sommet, travaillant sans cesse leurs rôles comme Robert Guérin qui aura passé trente ans à interpréter le rôle de Gros-Guillaume, au visage enfariné. Lorsque Molière revient à Paris, il fait aussitôt entrer dans sa troupe l'un de leurs plus célèbres héritiers, Jodelet, pour qui il crée des rôles, assuré ainsi de gagner le cœur de ses spectateurs.

Forme brève, la farce repose sur des personnages types et des canevas qui exploitent inlassablement les quiproquos et les coups de bâton : les thèmes et les rituels sont bien connus, mais peuvent être renouvelés par des allusions à l'actualité. Le comique est outré et ne recule pas devant les obscénités ou la grivoiserie. Plus que le texte, c'est le jeu et la gestuelle des acteurs qui suscitent un rire inextinguible. Les Comédiens-Italiens jouent sur des registres semblables et plaisent par leurs incroyables mimiques, leur talent de gymnastes, ainsi que par leurs lazzis, improvisations délirantes et hilarantes.

C'est sans doute en observant les farceurs et les Comédiens-Italiens, avec qui il partage sa salle de théâtre parisienne, que Molière a affiné son extraordinaire technique de jeu : la façon dont il roulait les yeux ou la manière dont il tirait des effets comiques de ses sourcils noirs et épais, de sa volubilité et de son hoquet ont fait toute sa renommée. Nul doute que son interprétation d'Alceste ne manquait pas de susciter les rires. Mais l'un des plus grands tours de force de Molière aura été de faire passer son style pour un jeu naturel par opposition au jeu plein d'emphase des Grands-Comédiens de l'Hôtel de Bourgogne.

## 2. *La question de la légitimité du rire*

Molière n'invente pas la comédie. Le terme sert d'ailleurs au XVIIᵉ siècle à désigner toute pièce de théâtre. Et le jeune Corneille s'était ainsi fait connaître au début des années 1630 par des comédies développant des intrigues amoureuses entre jeunes gens. Dès 1637, les folies des *Visionnaires* de Desmarets de Saint-Sorlin ont paru faire entrer la comédie dans l'ère de la « perfection ». Mais, après les années où la tragédie est devenue le genre noble, après celles où Mazarin a préféré les artistes italiens, Molière semble remettre à la mode le genre comique et lui donner un éclat qu'il n'avait pas encore connu. Ses pièces sont brillantes et variées : simple farce ou petite comédie en un acte, impromptu ou œuvre dans la veine italienne, pièce comique développée en cinq actes, comme *Les Fourberies de Scapin*, ou encore grande comédie, comme *L'École des femmes*, *Le Misanthrope*, *Dom Juan*, *Tartuffe* ou *Les Femmes savantes*.

Ces « belles comédies » ont suscité l'admiration des doctes, tel Boileau qui, au chant III de son *Art poétique* réprouve la bouffonnerie de Scapin mais loue « l'agréable et le fin » du *Misanthrope*. Le caractère incontrôlable du rire inquiète cette société du XVIIᵉ siècle qui veut faire de l'honnêteté et de la politesse un art de vivre — même si le roi et la Cour se réjouissent pleinement devant les « plaisantes farces ». Pour les théoriciens, le genre comique peut trouver un anoblissement s'il n'éveille qu'un rire mesuré, compatible avec l'idéal de civilité, comme le fait Molière dans ses grandes comédies. C'est le genre considéré comme le plus noble de tous, la tragédie, qui a naturellement modelé la comédie.

## 3. *Rivalités avec la tragédie*

*Le Misanthrope* est donc écrit en alexandrins, vers majestueux, et composé de cinq actes comme le sont les tragédies. Le style est en général soutenu et certains passages peuvent rappeler le ton élevé de grandes œuvres dramatiques : ainsi les plaintes d'Alceste à Célimène font-elles écho à celles de Rodrigue dans *Le Cid* de Corneille. Surtout, la composition de la pièce suit les principes de la doctrine classique, à commencer par la règle des trois unités, d'action, de temps et de lieu : à défaut d'être pleinement unifiée, l'action trouve son unité dans la volonté d'Alceste d'obtenir de Célimène un engagement amoureux ; elle se déroule en à peine une journée et à l'étage, chez Célimène. La vraisemblance règne dans le respect de la bienséance. Il y a jusqu'au dénouement qui prend des allures tragiques : au lieu de se conclure par le mariage heureux des jeunes héros, la comédie s'achève sur leur impossible réconciliation et leur solitude, les amis de Célimène l'abandonnant à son sort, Alceste prétendant vouloir se retirer dans un désert.

Pourtant *Le Misanthrope* reste une comédie : Molière explore le comique de caractère avec la contradiction qui anime Alceste, atrabilaire et amoureux, et qui le rend ridicule. Le comique de situation abonde avec les emportements excessifs du héros, ses fausses sorties, les obstacles qui surgissent toujours quand il veut parler à

Célimène, ou encore les maladresses du valet Du Bois suivant le fameux canevas du « *lazzo* de la lettre ». Et encore avec le jeu des enchaînements qui fait surgir sur scène Oronte, au sommet de la mondanité, quand Alceste vient d'expliquer son rejet des hypocrisies sociales, ou qui fait arriver Arsinoé après l'affreux portrait que Célimène vient d'en faire. On rit du comique de répétition avec le « je ne dis pas cela » repris inlassablement par Alceste. Il n'y a pas véritablement d'obscénité mais une équivoque douteuse avec le terme de « cabinet » (v. 376) et des jurons, des expressions vives et colorées, notamment dans la bouche d'Alceste, des images concrètes — et donc basses. Mais Molière opère une synthèse de ce mélange des tons sans l'accentuer. Et par la satire qu'il dresse des mœurs de son temps, le dramaturge donne un enjeu sérieux au *Misanthrope* et une dignité nouvelle à la comédie. Faisant apparaître l'écart entre le comportement des prétendus honnêtes hommes et le comportement attendu des hommes de bien, il semble assigner à sa pièce une portée morale : celle de « corriger les mœurs par le rire », « *ridendo castigare mores* », selon la formule de Jean de Santeul, un poète contemporain.

## 2.
## La société, au miroir de la comédie

### 1. *Le portrait du siècle*

*Le Misanthrope* est présenté par Boileau comme un exemple parce que Molière y a étudié ces « modèles fertiles » que sont « la Cour » et « la ville » : la comédie met toujours en scène un univers quotidien, ce qui est une des caractéristique du genre, mais aussi celui d'une société qui fait de la galanterie, c'est-à-dire de la politesse et de l'enjouement, un idéal de distinction sociale. Molière n'a pas pu jouer cette comédie devant Louis XIV, l'ayant composée pendant la période de deuil d'Anne d'Autriche. C'est à la ville, au théâtre du Palais-Royal, qu'il a donc créé *Le Misanthrope*. Cette pièce, qui offre aux spectateurs un miroir plaisant, a certainement contribué à asseoir son image d'auteur de la Cour : les personnages incarnent de jeunes nobles, dont quelques-uns peuvent se vanter d'assister au « petit lever » comme au « coucher » du roi, et qui passent leur temps à des loisirs mondains, notamment à l'art de la conversation.

Ce n'est pas un hasard si on a pu chercher des clés aux personnages. Certains ont d'abord dit reconnaître en Alceste le duc de Montausier, un homme austère et franc, qui avait attendu plus de dix ans pour obtenir d'épouser en 1645 l'exquise et coquette Julie d'Angennes, fille de Mme de Rambouillet et grande figure de la « Chambre bleue », premier salon parisien : découvrant « le plus honnête homme qu'il eût vu de sa vie » dans la figure du Misanthrope, le duc en aurait perdu sa colère initiale contre Molière. De son côté, Boileau estimait avoir donné au dramaturge le modèle de la haine qui anime Alceste contre les mauvais vers. D'autres auront pensé que Célimène était le reflet d'Armande Béjart, avec qui Molière aurait eu un mariage malheureux… La dimension satirique du genre comique lui fait assurément entretenir un lien étroit avec son époque et peut même donner à une comédie un caractère daté. Les ridicules qu'Alceste relève chez les amis de Célimène portent ainsi la mémoire de modes passagères (II, 1) ; la hiérarchie sociale partout présente, le fonctionnement de la justice auquel Alceste refuse de se plier, l'intervention de la maréchaussée pour arbitrer une querelle à propos d'un sonnet, sont autant de témoignages des réalités du monde aristocratique de l'Ancien Régime. Mais la peinture des caractères a permis à Molière d'ancrer sa comédie dans le siècle et de lui donner dans le même temps un goût d'atemporalité.

## 2. « *L'âge de la conversation* »

« C'est la comédie d'un homme qui veut avoir un entretien décisif avec une femme qu'il aime et qui, au bout de la journée, n'y est pas parvenu », disait Louis Jouvet, grand comédien de l'entre-deux-guerres. Cette intrigue, sur laquelle se greffent celles des procès d'Alceste, donne une place centrale au sentiment amoureux, mais elle reste mince. C'est qu'elle sert de prétexte au développement de scènes de conversations de salon, presque juxtaposées les unes aux autres. La dispute entre Alceste et Philinte, l'ennemi des hommes et son contraire, l'homme sociable, la discussion des qualités d'un poème, la pratique ordinaire de la médisance ou de la perfidie, les questions d'amour qui sont débattues, font entrer sur scène le théâtre de la société. La matière du *Misanthrope* retrouve les thèmes qui ont fait les délices des lecteurs des longs romans de Mlle de Scudéry, que ce soit *Clélie* ou *Artamène ou le Grand Cyrus*. Mais la forme dramatique rompt avec l'idéalisation et l'éloignement des romans précieux pour plonger le spectateur chez Célimène : celui-ci peut ainsi suivre l'action comme s'il était lui-même l'un de ses invités, sans jamais en savoir davantage que les personnages ni toujours pouvoir démêler le vrai du faux.

Et ce qui plaît dans *Le Misanthrope*, c'est sans doute avant tout le ton brillant de la comédie et son caractère enjoué. C'est celui de Célimène, qui reçoit chez elle avec gaieté et esprit, à l'image de cette sociabilité que les femmes ont mise en vogue. Le fait qu'elle soit une jeune veuve ajoute encore de la légèreté : celle de la jeunesse, celle de la liberté — veuve, elle a une indépendance que ni les jeunes filles, soumises à leur père, ni les femmes mariées ne possèdent —, celle des espoirs amoureux qu'elle suscite. Les premiers spectateurs de Molière ont tellement pu s'identifier à cette représentation de leurs loisirs mondains que, comme l'a raconté Donneau de Visé, certains se sont laissé emporter à applaudir le sonnet d'Oronte, dans lequel ils reconnaissaient le style de l'esthétique galante, avant de comprendre que le dramaturge voulait ridiculiser sa prétention littéraire. Toutes les modes sont donc là : la poésie mondaine et ses lectures dans les salons, le portrait, véritable jeu de société en vogue depuis 1659, les questions d'amour et de galanterie, comme « Doit-on accepter le rebut d'une autre ? » ou « Faut-il dire aux gens tout ce que d'eux on pense ? », qui passionnent ce monde raffiné. Mais Molière leur donne une intensité aiguë puisque la mise en scène de ces pratiques mondaines participe au théâtral renversement dramatique avec la déconvenue de Célimène : après avoir fait sa renommée, elles défont sa réputation. Le miroir du siècle que renvoie *Le Misanthrope* reflète, peut-être à l'insu de Molière, la fragilité de la liberté féminine.

## 3. *La tentation de l'interprétation tragique*

La contradiction interne du sujet — un misanthrope amoureux ou l'ennemi du genre humain aux prises avec la société mondaine — n'implique un traitement comique que si la distorsion est accentuée, faisant jaillir le ridicule des situations et conduisant le public à garder une distance critique et amusée avec le spectacle qu'il voit. Mais le même sujet peut aussi se prêter à un traitement pathétique si, au contraire, son interprétation vise à susciter l'empathie du public pour des personnages qui incarnent une contradiction déchirante. Parce que la comédie de Molière porte sur la scène un idéal humain de sincérité exacerbé par le contact de l'hypocrisie sociale, *Le Misanthrope* s'est prêté à des lectures qui ont souvent estompé les extravagances d'Alceste pour mettre en lumière le tragique de la condition du héros.

L'enthousiasme dont témoigne Donneau de Visé dans sa lettre sur la comédie témoigne que Molière jouait un Alceste ridicule tout en laissant entendre la gravité de ses propos sur le monde. Dès 1672, Baron, que le dramaturge affectionnait, reprend le rôle à dix-neuf ans, et lui donne un air grave, noble et aimable. Au XVIIIe siècle, la défense que Jean-Jacques Rousseau prend d'Alceste, auquel il s'identifie clairement, et sa colère contre Molière contribuent à accentuer l'héroïsation du personnage : « Vous ne sauriez me nier deux choses : l'une qu'Alceste, dans cette pièce, est un homme droit, sincère, estimable, un véritable homme de bien ; l'autre, que l'auteur lui donne un personnage ridicule » (*Lettre à d'Alembert*, 1758). Les romantiques ne pouvaient ensuite qu'identifier leur révolte et leur mal du siècle à la misanthropie. Parallèlement, pour donner Molière à lire à la jeunesse, l'institution scolaire avait tendance à mettre en valeur le débat d'idées entre Alceste et Philinte ou à vouloir identifier la lutte du Misanthrope contre son siècle à celle qu'aurait menée Molière contre l'oppression du pouvoir royal.

Mais si *Le Misanthrope* attire toujours l'attention des metteurs en scène et du public, c'est parce qu'à travers la complexité des sentiments, elle peut nourrir des lectures psychologiques, sociales ou politiques. Mais surtout, et c'est encore le sujet de prédilection de nombreux films ou séries télévisées, cette comédie, qui met en scène les soubresauts d'une petite bande d'amis, traite de l'éternelle question des relations de séduction.

### Pour prolonger la réflexion

Benedetta CRAVERI, *L'Âge de la conversation*, Gallimard, collection « Tel », 2001.

Patrick DANDREY, *Molière ou l'esthétique du ridicule*, Klincksieck, 1992.

Gérard DEFAUX, *Molière ou les métamorphoses du comique. De la comédie morale au triomphe de la folie*, [1980], Klincksieck, 1992.

Pierre LARTHOMAS, *Le Langage dramatique, sa nature, ses procédés*, PUF, 1972.

Jacques SCHERER, *La Dramaturgie classique en France*, Nizet, 1950.

Thomas PAVEL, *L'Art de l'éloignement. Essai sur l'imagination classique*, Gallimard, 1996.

# L'écrivain à sa table de travail

## Écrire pour la scène

C'EST EN HOMME DE THÉÂTRE que Molière écrit pour la scène, en comédien et en chef de troupe. Dans *Le Misanthrope*, il a d'abord conçu pour lui-même un rôle à sa mesure, un rôle de vedette : sept cent trente-cinq vers, à peine moins que la moitié de la comédie, presque toujours présent, sauf au troisième acte ! Avec ses rubans verts et son riche justaucorps de brocart rayé or et gris à l'avant-garde de la mode, l'acteur ne devait pas manquer de briller et d'attirer tous les regards quand il donnait corps au prétendu ennemi du genre humain, Alceste. Mais la distribution des rôles montre que Molière composait aussi en pensant à ses comédiens : ainsi Du Croisy, connu pour sa prononciation très articulée, devait rendre la fatuité d'Oronte ; à sa jeune et belle épouse Armande, le dramaturge confiait le rôle de coquette, Célimène ; Philinte devait être La Grange, acteur avec lequel il aimait jouer en complémentarité ; et à Louis Béjart, qui boitait, il attribuait le rôle de Du Bois, le valet balourd... Cependant, si ses comédies ont pu traverser les siècles, c'est que Molière se montre aussi homme de lettres quand il compose ses pièces, et que, lorsqu'il les publie, il fait œuvre d'auteur.

# 1.

## Jeux de réécritures

### 1. *L'œuvre d'un lettré*

C'est un type littéraire qui fournit à Molière le caractère du personnage central de sa comédie : *L'Iliade* en donne un premier exemple avec la description de Bellérophon. Mais surtout c'est un personnage historique, Timon d'Athènes, qui en a nourri les représentations, par l'analyse que Platon a fait de son rejet du monde et par le portrait très connu que Plutarque a donné de lui, ou encore par le célèbre dialogue que Lucien de Samosate lui a prêté. Le type du misanthrope a déjà fourni le sujet d'une comédie à Ménandre, dramaturge grec du IVᵉ siècle avant J.-C., œuvre dont on se souvenait alors que le texte du *Dyskolos* n'a été retrouvé qu'en 1958. Et, au tout début du XVIIᵉ siècle, Shakespeare avait aussi composé en Angleterre un *Timon d'Athènes*, drame dont il est toutefois difficile de pouvoir affirmer que Molière l'ait lu. La tentation de la haine du monde nourrit donc l'imaginaire européen avant que le dramaturge français ne s'empare de ce caractère et ne le pousse dans la contradiction, en le rendant amoureux.

Mais les sources des comédies de Molière sont en réalité très nombreuses et diverses. Le dramaturge est nourri de littérature ancienne et moderne, de romans, de poésies, de traités philosophiques et, bien sûr, de théâtre, de grands auteurs, mais aussi d'écrivains mineurs. Par exemple, le procédé employé par Célimène lorsqu'elle reconnaît le billet qu'Alceste lui reproche d'avoir écrit, mais prétend l'avoir adressé à une femme et non à un amant, est l'application d'une des ruses prônées par le poète latin Ovide au livre III de son *Art d'aimer*. La fameuse réponse d'Alceste à Oronte, à savoir que «le temps ne fait rien à l'affaire» est peut-être la copie d'un passage sur l'art du peintre que l'on trouve dans une des *Satires* qu'un ami de Rotrou, Du Lorens, a commises dans les années 1630. Aux vers 711-730, la série d'antithèses de la réplique qui sert à si bien distinguer Éliante des autres membres du cercle de Célimène est une adaptation fidèle d'un extrait du *De natura rerum* de Lucrèce. Molière s'était, en effet, illustré par l'entière traduction qu'il avait établie de ce traité philosophique et qu'il avait laissée circuler. En reprendre quelques vers lui permet de faire le lien devant son public entre ses activités lettrées et son travail de scène tout en faisant valoir avec quelle virtuosité il s'approprie des textes anciens et leur donne une nouvelle vie sur la scène. Adaptation, transposition, traduction, contamination : voici le travail d'innutrition du poète dramatique. Mais c'est aussi l'interaction de ses comédies avec les thèmes des grands romans du siècle, ceux de Mlle de Scudéry ou de ses prédécesseurs, ou avec la *commedia dell'arte* et du répertoire théâtral français et espagnol, qui caractérise le théâtre de Molière.

## 2. *L'art du recyclage*

Molière crée *Le Misanthrope* en juin 1666 mais aurait déjà donné une lecture de son premier acte dans un salon dès 1664, ce qui suppose une maturation assez longue de la pièce. En fait, sans doute faut-il remonter encore plus tôt dans l'histoire du dramaturge, à l'écriture et la création d'une autre œuvre, *Dom Garcie de Navarre*, une comédie héroïque, dont on retrouve des thèmes et des passages entiers dans sa comédie. Molière avait attendu 1661 et le retour dans la troupe de Mlle Du Parc pour jouer *Dom Garcie*, qui était prête depuis deux ans, avant même *Les Précieuses ridicules*. Après un bon accueil sur la scène, la pièce disparaissait de l'affiche, vraisemblablement du fait de l'extraordinaire succès que devaient alors remporter d'une part une pièce à machines de Pierre Corneille, *La Toison d'or*, au Théâtre du Marais et, d'autre part, *Camma* de Thomas Corneille à l'Hôtel de Bourgogne. *Dom Garcie*, adaptation de *Gelosie fortunate del principe Rodrigo* de Cicognini, était une pièce sérieuse, mettant en scène un caractère d'amoureux jaloux dans une intrigue traitant de questions dynastiques, à la manière de tragédies ou de tragicomédies de Pierre Corneille, c'est-à-dire dans un style noble qui aurait pu lancer une carrière d'auteur tragique. Alors qu'il avait obtenu un privilège d'impression pour cette comédie héroïque et qu'il avait l'honneur de la jouer sous le titre de *Prince jaloux* devant le roi et la Cour ou un public choisi, à Paris, Versailles et Chantilly en 1662 et 1663, Molière ne l'a pas publiée.

C'est sans doute qu'il avait commencé son démontage et son intégration à d'autres projets de comédies : *Le Misanthrope*, mais aussi *Tartuffe*, dans la version qui en a été publiée en 1669 du moins, *Amphitryon*, où se retrouve la scène de réconciliation, et *Les Femmes savantes*. Une centaine de vers se retrouvent ainsi dans la comédie de 1666. Au début de l'acte II comme au début de l'acte IV, Alceste et Célimène échangent presque les mêmes mots que Dom Garcie et Elvire, si on les compare avec le texte édité par La Grange après la mort de Molière, en 1682. Molière corrige parfois un mot dans une phrase, le plus souvent pour amplifier l'intensité des colères d'Alceste ou la coquetterie de Célimène : « Quel est ce mouvement?» devient par exemple «D'où vient donc, je vous prie, un tel emportement?» (v. 1315). Le dramaturge a donc adapté son texte initial aux caractères de ses personnages, mais il a aussi introduit une vigueur nouvelle dans le lexique conventionnel de la comédie héroïque : cela va former une des caractéristiques stylistiques de sa comédie sérieuse. La reprise du thème de l'amant jaloux, une intrigue fondée sur un obstacle intérieur, le contraste entre les rivaux, les machinations d'un cœur éconduit, ou l'utilisation d'une lettre comme preuve d'une infidélité sont encore autant de motifs structurels que reprend *Le Misanthrope*. Molière peut apparaître hanté par la première pièce qu'il avait composée. C'est en fait un auteur qui construit une œuvre, cherchant son style et soumettant des sujets ou des techniques dramatiques à l'épreuve de la scène pour jouer avec ceux qui passent la rampe.

## 2.

# La fabrique d'une œuvre

## 1. *L'art de la répétition*

La répétition est au cœur de la poétique de Molière et, pour *Le Misanthrope*, c'est le principe fondateur de cette comédie de caractère : d'un côté, la persévérance d'Alceste dans sa contradiction, à savoir son refus du monde et son amour pour une coquette ; de l'autre, la constance de Célimène à vouloir séduire sans jamais perdre sa liberté. L'action ne vient pas transformer les personnages. Elle consiste, au contraire, à révéler comment ils illustrent bien le caractère qui leur a été donné face à différentes situations, jusqu'à la dernière circonstance qui vient dénouer l'intrigue par un renversement dramatique : quand la duplicité de Célimène est démasquée, la jeune femme préfère rester coquette plutôt que de se retirer du monde avec Alceste. Le ressort comique réside en partie de la prévisibilité, mais aussi de l'intensité croissante ou de l'exaspération provoquée par chaque répétition.

Au vers 100, l'allusion de Philinte à la discussion qui ouvre une autre comédie de Molière, *L'École des maris*, vient attester de ce que le dramaturge n'hésite pas à exploiter à l'envi un procédé qui a prouvé son efficacité, ici une exposition fondée sur un débat opposant deux amis, ce qui est le principe de celle du *Misanthrope*, de *L'École des maris*, mais aussi de *L'École des femmes*. Mais avec cette autoréférence, Molière témoigne avec humour de sa réflexion sur sa poétique théâtrale tout en invitant son public, spectateurs ou lecteurs, à tisser des liens entre ses comédies, c'est-à-dire à retrouver le cheminement de l'œuvre qu'il élabore.

## 2. Parentèle molièresque

D'une comédie à l'autre, nous pouvons donc retrouver des duos antithétiques avec un personnage modéré et de bon sens face à un autre tout attaché à sa folie : Philinte dans le premier rôle et Alceste dans le second, mais aussi Ariste contre Sganarelle dans *L'École des maris*, Chrysalde contre Arnolphe dans *L'École des femmes*, Sganarelle contre Dom Juan, Cléante face à Orgon dans *Tartuffe*... Ce jeu d'oppositions évidentes a conduit nombre de lecteurs à chercher dans ces débats la philosophie de Molière. Les excès de ses héros semblent plaider en faveur de la sagesse de leur interlocuteur qui incarne les valeurs de l'honnêteté : une morale de distinction sociale qui est précisément celle dont se réclament la Cour et l'élite qui fréquente les salons. Mais la force des héros de Molière vient pourtant bien questionner une telle morale et laisse une empreinte de sédition dans son œuvre : Alceste, Dom Juan, Tartuffe fascinent par le désordre qu'ils sèment.

La parenté de ces trois personnages est telle que la critique a pu parler de « trilogie de l'imposture ». Ces comédies sérieuses ont été composées par Molière en à peine deux ans, entre 1664 et 1666. *Tartuffe*, qui démasque la fausse dévotion, est vite interdit sous prétexte que cette représentation porte préjudice à l'Église. *Le Misanthrope* est créé une année plus tard et a pu être lu comme une dénonciation de l'hypocrisie des jansénistes à travers la figure du faux solitaire qu'incarne Alceste, toujours prêt à se retirer dans un désert, mais toujours présent dans le salon de Célimène. *Dom Juan*, que Molière ne va pas donner à publier, met en scène un libertin qui, sans aucune cohérence, ne fait usage que de sa violence et de sa mauvaise foi. Il n'est pas sûr que ces comédies aient porté une morale qui pouvait offusquer le pouvoir royal. Molière, libertin ? Molière, honnête homme ? Les zones d'ambiguïtés que les pièces gardent nous incitent à vouloir les éclairer entre elles, et les échos d'une comédie à l'autre viennent enrichir les interprétations possibles en constituant une invitation à la relecture de Molière. Et l'on ne saurait se limiter à ces trois comédies sérieuses comme l'a brillamment montré Antoine Vitez lorsqu'en 1978, il les a mises en scène en continu avec *L'École des femmes*, faisant surgir les thèmes communs, les obsessions, la singularité d'une écriture théâtrale. Un tel projet pourrait s'étendre à d'autres comédies de Molière, tel *L'Avare* où la folie d'Harpagon est aussi entière que la fureur d'Alceste. C'est que les excès passionnent Molière encore plus que la mesure !

## 3. *La tentation polyphonique*

Faire que le théâtre soit une scène pour la littérature semble bien avoir été au cœur des préoccupations de Molière : poèmes, chansons, matière romanesque, portraits, questions d'amour, lettres ou billets, viennent s'agréger à l'action, donnant parfois à sa structure des airs de fantaisie. Ces reflets des pratiques de la littérature mondaine participent à l'effet de miroir du public mondain pour lequel la distinction sociale s'affirme par l'écriture et la lecture de textes galants, à la fois légers et enjoués. Mais leur faire passer l'épreuve de la rampe n'est pas sans ambivalence et contribue à la consécration de ces genres comme à la dénonciation de leur vanité. La lecture du sonnet d'Oronte en est un exemple : Molière y montre tout son talent à parodier ces poèmes à la mode, mais fait aussi apparaître leur pauvreté, soulignée par l'emploi d'un terme pécuniaire qui vient ruiner les nobles prétentions de son auteur (« Et ne vous pas mettre en dépense »). Avec une certaine habileté, le dramaturge paraît donner une fonction nouvelle au théâtre : outre de divertir les spectateurs par les intrigues qui y sont jouées et qui permettent d'évaluer l'effet de ces formes littéraires sur l'action, celle d'être un espace de création et de réflexion critique sur les pouvoirs et les valeurs de la littérature.

## *3.*

## Naissance d'un auteur « classique »

Si Molière n'a pas pu garder la maîtrise sur l'édition de ses comédies comme il l'aurait voulu, les textes imprimés de ses pièces révèlent néanmoins qu'il avait pleinement conscience de ce que la publication de ses œuvres contribuerait à l'édification de son image d'auteur littéraire. Les variantes que l'on trouve dans les éditions pirates indiquent que Molière devait sans doute adapter ses textes à leur réception immédiate, à l'ambiance de la salle, osant des termes plus crus devant certains publics. À la définition de « mignon », dans son *Dictionnaire universel* (1690), Furetière donne en citation « Et vous me traitez là de gentille mignonne » quand les éditions de Molière proposent pour les vers 509-510 « Certes, pour un amant, la fleurette est mignonne, / Et vous me traitez là de gentille personne », atténuant le sens de « mignonne » qui peut désigner une prostituée quand il s'applique à une femme. La leçon retenue pour l'impression est aussi la plus noble, celle qui tend à assimiler la comédie sérieuse aux grands genres littéraires.

Peut-être faut-il donc attribuer à la volonté de Molière d'intégrer son théâtre à la littérature le fait qu'il ait si peu laissé de traces de l'interprétation scénique de ses pièces alors qu'en tant que comédien, il avait tant contribué à rénover le jeu dramatique. Les indications scéniques sont peu nombreuses dans ses comédies, comme en général dans le théâtre des années 1660. Mais le système didascalique est déjà bien codifié et les auteurs dramatiques antérieurs et ultérieurs l'ont bien davantage employé pour décrire comment ils voulaient faire jouer leurs textes. Molière semble n'avoir voulu confier à la postérité que le souvenir de ses dialogues, cherchant à les faire entrer dans le domaine de la littérature plus que dans celui de la mémoire du théâtre.

Ses éditeurs posthumes ont accentué ce mouvement qui contribuait à donner toujours davantage de Molière l'image d'auteur classique qu'il avait commencé à forger. Les corrections apportées dès l'édition de 1682, comme « égards » pour « regards » au vers 538, ou « remue » pour « grouille » au vers 616, ôtent au *Misanthrope* sa vivacité et sa crudité. Encore aujourd'hui, les éditeurs tendent à gommer les aspérités du texte, expliquant nombre de termes concrets par des termes abstraits, pour élever les comédies de notre auteur à l'image du monument littéraire que la postérité lui a construit.

L'ultime signe de la réussite de cette stratégie de Molière réside sans doute dans la floraison de suites données au *Misanthrope* avec *Le Misanthrope corrigé* de Jean-François Marmontel (1772), *Le Philinte de Molière* donné par Fabre d'Églantine (1788-1790), *Le Misanthrope par amour* du marquis de Sade (1790), *Le Misanthrope et l'Auvergnat* d'Eugène Labiche (1852), *La Conversion d'Alceste* de Georges Courteline (1905), la chanson *L'Ami Zantrop* de Bobby Lapointe ou encore la pièce de Jacques Rampal, *Célimène et le Cardinal* (1992).

**Pour prolonger la réflexion**

Paul BENICHOU, *Morales du Grand Siècle*, Gallimard, 1948.

Claude BOURQUI, *Les Sources de Molière. Répertoire critique des sources littéraires et dramatiques*, SEDES, 1999.

Gabriel CONESA, *Le Dialogue moliéresque. Étude stylistique et dramaturgique*, PUF, 1983.

Jean de GUARDIA, *Poétique de Molière. Comique et répétition*, Droz, 2007.

Brice PARENT, *Variations comiques ou les réécritures de Molière par lui-même*, Klincksieck, 2000.

Elisabeth RALLO-DITCHE, *Le Misanthrope dans l'imaginaire européen. La misanthropie au théâtre*, Desjonquères, 2007.

# Groupement de textes

## Un objet scénique en mal de destinataire : la lettre

TROIS LETTRES VIENNENT FAIRE REBONDIR l'action du *Misanthrope*. La première est celle qu'Alceste brandit devant Célimène comme preuve de sa perfidie (IV, 3) : elle lui a été présentée comme un billet de la jeune femme à l'attention d'Oronte par une rivale malveillante, Arsinoé, ce qui permet à Célimène de reconnaître l'authenticité de l'écrit mais non l'identité du destinataire supposé, prétendant que le texte est adressé à une femme... ce qu'est précisément Arsinoé ! Cette lettre n'existe que par sa matérialité : son contenu n'est pas dévoilé et le public ne peut savoir en dernier ressort ce qu'il en est en vérité. Ainsi, sa fonction testimoniale est mise en échec et ce premier billet ne sert qu'à renforcer l'exaspération du héros, Alceste échouant dans sa volonté de déjouer Célimène. Les deux autres lettres ont une fonction résolutive : c'est la révélation de leur contenu qui conduit le dénouement, en démasquant la duplicité de Célimène. Là aussi, les missives ont subi un double détournement : leurs destinataires, Acaste et Clitandre, ont lu l'un à l'autre le message qui était adressé à chacun d'eux et en donnent une lecture publique devant tous, dévoilant quel portrait Célimène fait d'eux quand elle parle à un tiers. Le style de ces portraits peut apparaître comme une variante de la parole : c'est le même esprit qui a uni et réjoui cette petite société autour de l'héroïne au début de la pièce (II, 4). Mais la situation a changé : alors que les paroles étaient volatiles, l'écrit a gravé irrémédiablement les propos médisants ; et surtout, il rompt le principe de l'hypocrisie sociale qui permet de n'épargner personne en l'absence de ceux dont on parle, mais impose d'être toujours obligeant face aux gens.

Si la lettre est un des objets scéniques les plus fréquents au théâtre, plus encore que l'épée, le vêtement ou la couronne, c'est parce qu'elle se prête à de multiples usages. Sa matérialité lui donne l'apparence d'une preuve : mais véhiculant des mots, la lettre sert aux dramaturges à explorer davantage la complexité du jeu des échanges car le contenu d'une missive peut se révéler aussi véridique ou aussi trompeur que des paroles. La taille et la légèreté de cet objet permettent d'exploiter nombre de jeux de scène, de méprises et de quiproquos : rien ne s'égare aussi souvent qu'une lettre au théâtre, rien n'est plus souvent intercepté par un autre que son destinataire initial... Tant et si bien que ce simple accessoire a souvent pour fonction de croiser les fils d'une intrigue, de créer des obstacles qui remettent en cause un équilibre initial et de servir de révélateur aux personnages.

**EURIPIDE (480-406 av. J.-C.)**

*Hippolyte* (428 av. J.-C.)

(trad. de M. Delcourt-Curvers, Folio classique)

*Hippolyte voilé* a été présenté aux Athéniens en 432 av. J.-C.. Cette tragédie dans laquelle Phèdre s'adonne à sa passion incestueuse pour son beau-fils a scandalisé les spectateurs, notamment à cause de deux scènes : l'une où l'héroïne déclare son amour à Hippolyte, lequel, horrifié, se voile le visage, et l'autre où, pour se défendre au retour de son époux, Thésée, Phèdre accuse elle-même de vive voix le jeune Hippolyte d'avoir attenté à sa pudeur. Quelques années plus tard, en 428, Euripide revient sur le même mythe et offre à son public une nouvelle tragédie dans laquelle il donne un visage honorable à Phèdre : dans Hippolyte porte-couronne, c'est la déesse de l'amour, Aphrodite, qui inspire à la malheureuse héroïne cette passion pour se venger de ce qu'Hippolyte dédaigne son culte. Alors que son époux a disparu, Phèdre résiste de toutes ses forces à son amour coupable et se laisse mourir, n'ayant avoué la cause de son mal qu'à sa nourrice. C'est cette dernière qui, considérant que Thésée est donné pour mort et voulant sauver sa maîtresse, va dévoiler à Hippolyte l'amour que Phèdre conçoit pour lui. Indigné, le jeune homme se répand en reproches et en propos menaçants pour les femmes. Trahie par sa nourrice et blessée par la réaction outrageante d'Hippolyte, Phèdre prend une décision qui doit lui rendre doublement son honneur et sa gloire de reine : se pendre en laissant une tablette de cire dans laquelle elle accuse Hippolyte d'avoir attenté à sa pudeur. À peine est-elle morte que Thésée arrive et découvre la lettre.

À l'époque où Euripide compose ses tragédies, l'écrit est encore extrêmement rare : la culture demeure essentiellement orale dans l'Antiquité grecque. Pour les Athéniens, semble-t-il, la lettre calomniatrice laissée par Phèdre était moins choquante que ses accusations orales entendues dans Hippolyte voilé. Sans doute est-ce parce que l'écrit instaure une distance plus grande que la parole avec son énonciateur. Mais l'écrit, qui *reste alors que les paroles s'envolent, revêt un caractère testimonial. Et dans son* Hippolyte porte-couronne, *Euripide montre bien que l'écrit peut autant tromper que la parole fallacieuse : si Phèdre a cherché à défendre sa réputation, elle n'en a pas moins condamné un innocent à une mort certaine.*

### THÉSÉE

Mais voyez cette tablette attachée
à sa main chérie. Qu'est-ce ? Veut-elle m'annoncer
   quelque nouveau malheur ?
c'est plutôt son message d'épouse et de mère
où elle inscrivit son dernier souhait.
Tu n'as plus rien à craindre, pauvre Phèdre ! Le lit de
   Thésée,
sa maison, nulle femme n'y entrera plus.
Mais je vois un cachet, celui de l'anneau d'or
que portait celle qui n'est plus, caresse pour mes yeux.
Il me faut dérouler le cordon du cachet,
savoir ce que veut ce message.

### LE CHŒUR

*Un coup alterne avec un coup, assenés par un dieu.*
*Pour moi la vie, après ce qui s'est accompli,*
*n'aura plus de valeur. Finie, hélas, la maison de nos rois.*

### LE CORYPHÉE

Ô dieu, s'il est possible, cesse de l'ébranler.
Écoute ma prière. Je vois le présage
et ainsi qu'un devin je pressens le malheur.

### THÉSÉE

Ah dieux ! Quelle disgrâce vient s'ajouter à l'autre,
inexprimable, insupportable ! Je succombe.

### LE CORYPHÉE

Qu'arrive-t-il ? Dis-le moi, si tu veux bien m'en faire
part.

### THÉSÉE

*Elle crie, cette lettre, elle crie des forfaits. Où fuir*

*le malheur qui m'écrase ? Je suis perdu, anéanti,*
*tel est le chant de perdition que fait entendre ce message.*

LE CORYPHÉE

Hélas, tu as dit là un funeste prélude.

THÉSÉE

*Je ne puis plus fermer la porte de ma bouche*
*sur ce crime mortel que j'ai peine à nommer.*
*Écoute, ô mon pays.*
Hippolyte à mon lit osa porter sa main
brutale, sans égard pour l'œil sacré de Zeus.
Toi, Poséidon mon père, qui jadis m'accorda
trois souhaits, accomplis-en un seul et détruis
mon fils. Qu'il soit puni avant la fin
de ce jour, si vraiment ta promesse était digne de foi.

LE CORYPHÉE

Au nom des dieux, seigneur, rétracte ta prière,
tu reconnaîtras bientôt ton erreur, crois-moi.

THÉSÉE

Impossible ! Je vais de plus le bannir de l'Attique.
S'il évite un des coups, l'autre l'aura frappé.
Ou bien Poséidon l'enverra aux demeures d'Hadès,
ou bien, chassé de ce pays, errant et pauvre,
il traînera sa vie sur la terre étrangère.

(v. 855-897)

**Pierre-Augustin Caron de BEAUMARCHAIS**
**(1732-1799)**

*Le Mariage de Figaro* (1785)

(Folioplus classiques)

*En 1784, Beaumarchais est enfin parvenu à désarmer*
*la censure et à produire sur la scène parisienne* La Folle

Journée ou le Mariage de Figaro : *les spectateurs acclament avec enthousiasme son héros* — un valet ! — *qui veut épouser la jeune Suzanne sans que son maître use de son droit du seigneur, c'est-à-dire sans qu'il déflore la future mariée. La comédie suit les rebondissements ininterrompus de cette journée trépidante où chacun s'ingénie à parvenir à ses fins. Malgré l'acharnement du Comte à vouloir posséder la jeune fiancée, malgré les multiples obstacles qui se sont levés devant Figaro, la célébration du mariage des héros doit enfin commencer lors de cette neuvième scène du quatrième acte, en même temps que le mariage de Marceline, la mère que Figaro vient de retrouver, avec Bartholo. C'est sans compter l'invention de nouveaux retardements et le désir naturel de vengeance féminine : la Comtesse a imaginé de faire donner un rendez-vous à son époux par Suzanne pour s'y rendre elle-même sous les vêtements de sa cameriste et le surprendre en flagrant délit de tentative d'adultère. Elles ont écrit un billet que Suzanne va remettre au Comte pendant le mouvement de marche par lequel débute la noce.*

L'incomparable brio des dialogues du Mariage de Figaro *a grandement contribué au phénoménal succès de la comédie. Mais Beaumarchais fait aussi preuve d'une grande attention à la dramaturgie de la représentation. Dans cette scène du billet, les répliques sont rares tandis que les didascalies abondent : avec virtuosité, l'auteur dramatique montre qu'il entend se poser en metteur en scène et diriger les comédiens, mais aussi qu'il peut rivaliser avec les romanciers, offrant à ses lecteurs un récit du spectacle.*

*Ainsi, loin d'être un simple intermède musical divertissant laissé aux bons soins des comédiens, cette scène de marche est le prétexte d'un nouvel imbroglio. L'écrit ne vaut pas ici pour son contenu, trop succinct, mais pour le jeu de scène dont il est l'objet. Destiné à tromper le Comte par cette invitation à un rendez-vous, le billet permet tout d'abord de le blesser physiquement avec l'épingle qui le pique : et voici Suzanne déjà malicieusement vengée par ce retournement symbolique ! Mais le billet trompe aussi Figaro que la future épousée n'a pas mis dans la confidence et qui n'observe qu'une partie de la scène !*

Scène 9

LE COMTE, LA COMTESSE, *assis;*
*l'on joue les «Folies d'Espagne» d'un mouvement de marche*
*(symphonie notée)*

MARCHE

LES GARDES-CHASSES, *fusil sur l'épaule.*

L'ALGUAZIL, LES PRUD'HOMMES, BRID'OISON.

LES PAYSANS ET PAYSANNES, *en habits de fête.*

DEUX JEUNES FILLES *portant la toque virginale à plumes blanches.*

DEUX AUTRES, *le voile blanc.*

DEUX AUTRES, *les gants et le bouquet de côté.*

ANTONIO *donne la main à* SUZANNE, *comme étant celui qui la marie à* FIGARO.

D'AUTRES JEUNES FILLES *portent une autre toque, un autre voile, un autre bouquet blanc, semblables aux premiers, pour* MARCELINE.

*Figaro donne la main à Marceline, comme celui qui doit la remettre au docteur, lequel ferme la marche, un gros bouquet au côté. Les jeunes filles, en passant devant le Comte, remettent à ses valets tous les ajustements destinés à Suzanne et à Marceline.*

*Les paysans et paysannes s'étant rangés sur deux colonnes à chaque côté du salon, on danse une reprise du fandango (air noté) avec des castagnettes; puis on joue la ritournelle du duo, pendant laquelle Antonio conduit Suzanne au Comte; elle se met à genoux devant lui.*

*Pendant que le Comte lui pose la toque, le voile et lui donne le bouquet, deux jeunes filles chantent le duo suivant (air noté):*

Jeune épouse, chantez les bienfaits et la gloire
D'un maître qui renonce aux droits qu'il eut sur vous:

Préférant au plaisir la plus noble victoire,
Il vous rend chaste et pure aux mains de votre époux.

*Suzanne est à genoux, et, pendant les derniers vers du duo, elle tire le Comte par son manteau et lui montre le billet qu'elle tient; puis elle porte la main qu'elle a du côté des spectateurs à sa tête, où le Comte a l'air de lui arranger sa toque ; elle lui donne le billet.*

*Le Comte le met furtivement dans son sein ; on achève de chanter le duo : la fiancée se relève et lui fait une grande révérence.*

*Figaro vient la recevoir des mains du Comte, et se retire avec elle à l'autre côté du salon, près de Marceline.*

*(On danse une autre reprise du fandango pendant ce temps.)*

*Le Comte, pressé de lire ce qu'il a reçu, s'avance au bord du théâtre et tire le papier de son sein ; mais en le sortant il fait le geste d'un homme qui s'est cruellement piqué le doigt ; il le secoue, le presse, le suce, et regardant le papier cacheté d'une épingle, il dit :*

LE COMTE : *(Pendant qu'il parle, ainsi que Figaro, l'orchestre joue pianissimo.)* Diantre soit des femmes, qui fourrent des épingles partout ! *(Il la jette à terre, puis il lit le billet et le baise.)*

FIGARO, *qui a tout vu, dit à sa mère et à Suzanne* : C'est un billet doux, qu'une fillette aura glissé dans sa main en passant. Il était cacheté d'une épingle, qui l'a outrageusement piqué. *(La danse reprend : le Comte qui a lu le billet le retourne ; il y voit l'invitation de renvoyer le cachet pour réponse. Il cherche à terre et retrouve enfin l'épingle qu'il attache à sa manche.)*

FIGARO, *à Suzanne et à Marceline.* D'un objet aimé tout est cher. Le voilà qui ramasse l'épingle. Ah ! C'est une drôle de tête ! *(Pendant ce temps, Suzanne a des signes d'intelligence avec la Comtesse. La danse finit ; la ritournelle du duo recommence.)*

FIGARO *conduit Marceline au Comte, ainsi qu'on a conduit Suzanne ; à l'instant où le Comte prend la toque et où l'on va chanter le duo, on est interrompu par les cris suivants :*

L'HUISSIER, *criant à la porte.* Arrêtez donc, messieurs ! Vous ne pouvez entrer tous... Ici les gardes, les gardes !

(IV, 9)

### Alfred de MUSSET (1810-1857)

*On ne badine pas avec l'amour* (1834)

(La bibliothèque Gallimard)

*À vingt-quatre ans à peine, Musset donne à une petite comédie un titre qui résonne comme un avertissement grave :* On ne badine pas avec l'amour *reprend et détourne le modèle du proverbe, ces pièces de salon destinées à illustrer plaisamment une vérité générale. Le jeune auteur est déjà doublement désabusé : après lui avoir fait connaître les tourments et les déchirements, sa tumultueuse passion pour George Sand l'a laissé sans illusions. Son amour du théâtre a lui aussi été malmené : sa première pièce,* La Nuit vénitienne, *a été sifflée par les spectateurs en 1830 et, depuis, avec un certain goût pour la provocation, il n'écrit des comédies que pour la lecture. Par un retournement du sort, ce sont aujourd'hui les pièces de la période romantique les plus souvent jouées au théâtre.*

On ne badine pas avec l'amour *met en scène les retrouvailles de deux jeunes cousins, Camille qui, à dix-huit ans, sort du couvent où elle a été élevée, et Perdican, étudiant âgé de vingt-deux ans. Le père du jeune homme projette de les marier, mais Camille a décidé de s'interdire cette union et de retourner au couvent : les sœurs lui ont enseigné que les hommes sont volages et les amours malheureuses. Elle fait preuve d'une extrême froideur à l'égard de Perdican jusqu'à ce que l'orgueil vienne la piquer. Perdican lui a proposé son amitié à défaut d'amour et se laisse aller à faire la cour à une petite villageoise, Rosette. Et Camille, qui prétendait partir aussitôt au couvent, d'envoyer un billet à son cousin pour le convier à un rendez-vous près d'une fontaine : imprévisible et insaisissable, elle adopte tour à tour un ton badin, sincère ou même véhément, poussant Perdican à exprimer une vision triste et désenchantée du monde. Si le dialogue tient davantage du duel que du duo, c'est parce que ces deux âmes blessées ne savent entendre le langage de leurs cœurs. Le troisième et dernier acte s'ouvre de façon burlesque sur le renvoi du*

*gouverneur de Perdican, Maître Blazius, véritable ivrogne qui*
*a prétendu que Camille tenait une correspondance secrète.*
*Lorsque ce dernier voit passer Dame Pluche, la gouvernante*
*de la jeune fille, il trouve l'occasion de prouver qu'il a dit vrai*
*en lui arrachant la lettre qu'elle porte à la poste. C'est alors*
*que surgit Perdican, en pleine méditation sur ses sentiments*
*pour sa cousine.*

*C'est la dispute des personnages fantoches qui conduit cette*
*lettre à être interceptée par Perdican et à faire rebondir l'in-*
*trigue. Car la lettre qu'elle envoie à la sœur Louise éveille la*
*curiosité du jeune homme, révélant par là combien il a été*
*touché par Camille, et le déçoit car elle blesse son orgueil. En*
*lisant cette lettre, Perdican y reconnaît tout ce qu'il méprise*
*chez les nonnes : cela l'empêche de voir derrière l'emphase et la*
*vanité des phrases de Camille le rôle qu'elle s'oblige à tenir pour*
*son amie, ainsi que le dépit amoureux qu'il lui a lui-même*
*inspiré. Par sa réaction, envoyant à son tour un billet pour*
*convier Camille à un rendez-vous piégé, Perdican relance ce*
*processus qui pervertit l'usage du message écrit pour en faire*
*un instrument de vengeance.*

PERDICAN : Qu'y a-t-il ? Que faites-vous, Blazius ? Pourquoi violenter cette femme ?

DAME PLUCHE : Rendez-moi la lettre. Il me l'a prise,
seigneur ; justice !

MAÎTRE BLAZIUS : C'est une entremetteuse, seigneur.
Cette lettre est un billet doux.

DAME PLUCHE : C'est une lettre de Camille, seigneur,
de votre fiancée.

MAÎTRE BLAZIUS : C'est un billet doux à un gardeur de
dindons.

DAME PLUCHE : Tu en as menti, abbé. Apprends cela
de moi.

PERDICAN : Donnez-moi cette lettre ; je ne comprends
rien à votre dispute ; mais en la qualité de fiancé de
Camille, je m'arroge le droit de la lire. *(Il lit.)* « *À la*
*sœur Louise, au couvent de***\*.* » *(À part.)* Quelle maudite
curiosité me saisit malgré moi ! Mon cœur bat avec
force, et je ne sais ce que j'éprouve. — Retirez-vous,
dame Pluche ; vous êtes une digne femme, et Maître

Blazius est un sot. Allez dîner ; je me charge de remettre cette lettre à la poste.

> *Sortent maître Blazius et dame Pluche.*

PERDICAN, *seul* : Que ce soit un crime d'ouvrir une lettre, je le sais trop bien pour le faire. Que peut dire Camille à cette sœur ? Suis-je donc amoureux ? Quel empire a donc pris sur moi cette singulière fille, pour que trois mots écrits sur cette adresse me fassent trembler la main ? Cela est singulier ; Blazius, en se battant avec la dame Pluche, en a fait sauter le cachet. Est-ce un crime de rompre le pli ? Bon, je ne changerai rien.

> *Il ouvre la lettre et lit.*

« *Je pars aujourd'hui, ma chère, et tout est arrivé comme je l'avais prévu. C'est une terrible chose ; mais ce pauvre jeune homme a le poignard dans le cœur ; il ne se consolera pas de m'avoir perdue. Cependant j'ai fait tout au monde pour le dégoûter de moi. Dieu me pardonnera de l'avoir réduit au désespoir par mon refus. Hélas ! Ma chère, que pouvais-je y faire ? Priez pour moi ; nous nous reverrons demain, et pour toujours. Toute à vous du meilleur de mon âme.*

> CAMILLE »

Est-il possible ? Camille écrit cela ! C'est de moi qu'elle parle ainsi ! Moi au désespoir de son refus ! Eh ! bon Dieu ! si cela était vrai, on le verrait bien ; quelle honte peut-il y avoir à aimer ? Elle a fait tout au monde pour me dégoûter, dit-elle, et j'ai le poignard dans le cœur ! Quel intérêt peut-elle avoir à inventer un roman pareil ? Cette pensée que j'avais cette nuit est-elle donc vraie ? Ô femmes ! Cette pauvre Camille a peut-être une grande piété ! C'est de bon cœur qu'elle se donne à Dieu, mais elle a résolu et décrété qu'elle me laisserait au désespoir. Cela était convenu entre les bonnes amies avant de partir du couvent. On a décidé que Camille allait revoir son cousin, qu'on voudrait le lui faire épouser, qu'elle refuserait, et que le cousin serait désolé. Cela est si intéressant, une jeune fille qui fait à

Dieu le sacrifice du bonheur d'un cousin ! Non, non, Camille, je ne t'aime pas, je ne suis pas au désespoir, je n'ai pas de poignard dans le cœur et je te le prouverai. Oui, tu sauras que j'en aime une autre avant de partir d'ici. Hola ! brave homme ! *(Entre un paysan.)* Allez au château ; dites à la cuisine qu'on envoie un valet porter à mademoiselle Camille le billet que voici. *(Il écrit.)*

(III, 2)

## Edmond ROSTAND (1868-1918)

### *Cyrano de Bergerac* (1897)

#### (Folioplus classiques)

*Comédie héroïque en cinq actes et en vers,* Cyrano de Bergerac *connaît un succès extraordinaire dès sa création au Théâtre de la Porte-Saint-Martin fin 1897. Dans cette pièce foisonnante à l'esthétique néo-romantique, Edmond Rostand s'inspire librement de la figure d'un écrivain libertin du XVIIe siècle, Savinien de Bergerac : il en fait un héros plein de panache, un éternel rebelle, un brillant provocateur, mais aussi un amoureux tellement subjugué par sa passion pour sa cousine Roxane qu'il en vient à lui cacher ses sentiments, honteux de la longueur de son nez, et va même jusqu'à inspirer les lettres et les paroles d'un jeune et beau rival, Christian. Rostand donne une dimension romanesque à son drame historique en mettant en scène un trio amoureux inédit : convaincu de sa laideur, Cyrano aime secrètement Roxane ; celle-ci est amoureuse de Christian qui l'aime en retour, mais ne pourrait la séduire, faute d'esprit ; prêtant sa voix au jeune homme, Cyrano crée un être imaginaire qui répond au double idéal de beauté de Roxane, alliant le charme de son éloquence à la beauté physique de Christian.*

*Les lettres de Cyrano sont d'abord celles que le héros souffle mot à mot à Christian pour plaire à Roxane et qui éblouissent celle-ci. Le départ à la guerre des deux personnages a prolongé la supercherie jusqu'à ce que l'héroïne vienne les retrouver sur*

*le front. C'est le moment où Christian veut avouer la vérité et
savoir qui des deux Roxane aime. Le jeune homme, convaincu
qu'elle aime en vérité Cyrano, se fait tuer au combat en lui
laissant une ultime lettre dictée par son rival. Cyrano, per-
suadé que Roxane ne peut dépasser sa laideur, choisit de ne
pas révéler qu'il est le véritable auteur de toutes ces lettres. Au
cinquième acte, quatorze ans ont passé et Roxane, tout entière
à son deuil, s'est retirée dans un couvent où Cyrano lui rend
régulièrement visite. Mais voici qu'il arrive devant elle mortel-
lement blessé. C'est le sommet pathétique de la pièce : la lecture
de la dernière lettre imputée à Christian donne lieu à une
scène de reconnaissance et dénoue l'action, permettant à Roxane
de découvrir en Cyrano celui dont elle a adoré la plume quand
elle croyait aimer Christian.*

ROXANE, debout près de lui.

Chacun de vous a sa blessure : j'ai la mienne ;
Toujours vive, elle est là, cette blessure ancienne.

Elle met la main sur sa poitrine.

Elle est là, sous la lettre au papier jaunissant
Où l'on peut voir encor des larmes et du sang !

Le crépuscule commence à venir.

CYRANO

Sa lettre !... N'aviez-vous pas dit qu'un jour, peut-être,
Vous me la feriez lire ?

ROXANE

Ah ! Vous voulez ?... Sa lettre ?

CYRANO

Oui... Je veux... Aujourd'hui...

ROXANE, lui donnant le sachet pendu à son cou.

Tenez !

CYRANO, le prenant.

Je peux ouvrir ?

ROXANE

Ouvrez... lisez !...

*Elle revient à son métier, le replie,*
*range ses laines.*

CYRANO, *lisant.*

« *Roxane, adieu, je vais mourir !...* »

ROXANE, *s'arrêtant, étonnée.*

Tout haut ?

CYRANO, *lisant.*

« *C'est pour ce soir, je crois, ma bien-aimée !*
*J'ai l'âme lourde encor d'amour inexprimée,*
*et je meurs ! Jamais plus, jamais mes yeux grisés,*
*Mes regards dont c'était...* »

ROXANE

Comme vous la lisez,

Sa lettre !

CYRANO, *continuant.*

« *... dont c'était les frémissantes fêtes,*
*ne baiseront au vol les gestes que vous faites ;*
*J'en revois un petit qui vous est familier*
*Pour toucher votre front, et je voudrais crier...* »

ROXANE, *troublée.*

Comme vous la lisez, — cette lettre !

*La nuit vient insensiblement.*

CYRANO

« *Et je crie :*

Adieu !* »

ROXANE

Vous la lisez....

CYRANO

« *Ma chère, ma chérie,*

*Mon trésor…* »

ROXANE, *rêveuse.*

D'une voix…

CYRANO

« *Mon amour !…* »

ROXANE

D'une voix…

*Elle tressaille.*

Mais… que je n'entends pas pour la première fois !

*Elle s'approche tout doucement sans qu'il s'en aperçoive, passe derrière le fauteuil, se penche sans bruit, regarde la lettre. — L'ombre augmente.*

CYRANO

« *Mon cœur ne vous quitta jamais une seconde,*
*Et je suis et serai jusque dans l'autre monde*
*Celui qui vous aima sans mesure, celui…* »

ROXANE, *lui posant la main sur l'épaule.*

Comment pouvez-vous lire à présent ? Il fait nuit.

*Il tressaille, se retourne, la voit là tout près, fait un geste d'effroi, baisse la tête. Un long silence. Puis, dans l'ombre complètement venue, elle dit avec lenteur, joignant les mains :*

Et pendant quatorze ans, il a joué ce rôle
D'être le vieil ami qui vient pour être drôle !

CYRANO

Roxane !

ROXANE

C'était vous.

CYRANO

Non, non, Roxane, non !

ROXANE

J'aurais dû deviner quand il disait mon nom !

(V, 5)

# Chronologie

## Molière et son temps

COMÉDIEN, CHEF DE TROUPE et auteur dramatique, Molière personnifie le théâtre pour notre imaginaire collectif, servant encore de modèle pour les hommes de scène contemporains, et toujours unanimement consacré comme monument de l'art dramatique et de la littérature française. D'origine bourgeoise, Molière sait rapidement s'attacher la protection et l'estime des Grands du royaume qu'il divertit par ses spectacles. Obtenant le titre de Troupe du roi et passant au service exclusif du monarque, il devient en quelque sorte l'auteur officiel de la brillante cour de Louis XIV. Mais il a aussi veillé à séduire son public parisien et à prendre soin de son image de grand auteur dramatique à travers la publication de ses pièces. C'est ce qui va permettre à son œuvre comme à la Comédie-Française, créée sept ans après sa mort, de faire oublier ce qu'elles doivent à la monarchie absolue pour revêtir les valeurs républicaines des siècles suivants et participer à la redéfinition d'une identité nationale française.

# 1.

## Tout pour le théâtre

### 1. *La rencontre avec une étoile montante : Madeleine Béjart*

Fils de tapissier du roi, Jean-Baptiste Poquelin renonce très tôt à l'état auquel il devait se destiner à la suite de son père pour s'engager dans une carrière entièrement vouée au théâtre. En 1643, encore mineur, il signe l'acte d'association qui fonde la troupe de l'Illustre Théâtre à laquelle il apporte son héritage maternel en caution financière. Il rejoint dans cette aventure une dizaine de comédiens, dont plusieurs membres de la famille Béjart ainsi qu'un des dramaturge de l'époque, André Mareschal.

Jean-Baptiste Poquelin est sans doute subjugué par le charme de Madeleine Béjart, l'âme, l'inspiratrice et la raison de cette nouvelle troupe : cette jeune femme éblouissante, belle et cultivée est déjà une actrice auréolée de gloire, rendue célèbre par ses interprétations des héroïnes passionnées de Tristan L'Hermitte. C'est sans doute grâce à elle que les comédiens vont bénéficier de protections princières, à commencer par celle de Gaston d'Orléans, dont elle fréquente l'entourage.

En 1644, Richelieu est mort depuis deux ans et les Grands du royaume profitent du relâchement de l'absolutisme pour raviver une dernière fois l'éclat des cours princières. Poussé par une ambition inédite, l'Illustre Théâtre se lance dans la conquête de ce public d'élite : la troupe acquiert des costumes luxueux et recrute des musiciens ainsi qu'un danseur, se lançant dans des frais tout à fait exceptionnels. C'est l'année où Jean-Baptiste Poquelin prend le nom de Molière! Les comédiens jouent principalement des tragédies et des tragicomédies au jeu de paume des Métayers, nouvellement aménagé, ainsi que lors de nombreuses représentations privées, lesquelles assurent leur renommée à défaut de leur garantir de bons revenus. Le succès est au rendez-vous... jusqu'à ce que la troupe fasse faillite, ayant engagé trop de dépenses. Molière est emprisonné pour dettes quelques jours au Châtelet et l'Illustre Théâtre se disperse.

## 2. *Les années de province ou la répétition du succès*

Molière, Madeleine et les autres membres de la famille Béjart partent alors à la conquête de la province. À Bordeaux, ils rejoignent la troupe au service du duc d'Épernon, gouverneur de Guyenne. L'estime dont le duc témoigne d'emblée à l'égard de Molière est une marque de reconnaissance de son double talent d'acteur et de courtisan. En 1647, la troupe passe dans la province du Languedoc où elle retrouve la protection du duc d'Orléans. Elle accompagne alors le comte d'Aubijoux, un libertin brillant et amateur de plaisirs, lors de ses entrées solennelles à Toulouse ou à Albi, et elle assiste aux états généraux du Languedoc : les comédiens participent ainsi à tous les grands événements festifs de la région, bals, ballets, comédies ou festins, ils fréquentent son élite sociale et en tirent des bénéfices substantiels. La troupe est alors adoptée par le prince de Conti.

C'est l'époque où Molière croise le poète et musicien Charles d'Assoucy, un libertin qui a travaillé avec Corneille à la création d'*Andromède*, une grande pièce à machines que le comédien ose mettre en scène à Lyon, en 1653 : dès cette période, Molière n'hésite pas à se lancer dans des projets artistiques complexes. Ayant soin de jouer aussi dans de nombreuses salles de théâtre en province, il ajoute à la protection des princes la reconnaissance d'un plus vaste public : des petites farces de sa composition viennent déjà varier son répertoire. Lorsque le prince de Conti se convertit et se détourne du théâtre, Molière peut rentrer à Paris, fort de ses succès et de ses réseaux sociaux.

| | |
|---|---|
| 1622 | Naissance de Molière. |
| 1632 | Naissance de Lully. |
| 1637 | Corneille, *Le Cid*. |
| 1638 | Publication des *Sentiments de l'Académie sur Le Cid*. Naissance de Louis XIV. |
| 1639 | Naissance de Racine. |
| 1643 | Naissance de Marc Antoine Charpentier. |
| 1645 | Gassendi nommé professeur de mathématiques au Collège royal. |
| 1648-1653 | Troubles de la Fronde. |
| 1649-1653 | Madeleine de Scudéry, *Artamène ou le Grand Cyrus*. |

## 2.

## La stratégie du succès

## 1. *De la Troupe de Monsieur...*

Molière gagne aussitôt la protection de Monsieur, frère du roi. C'est sans doute grâce à celui-ci que sa troupe obtient l'immense privilège de jouer pour le roi au Louvre en 1658. L'assistance est séduite par la représentation de son *Docteur amoureux*, une petite comédie que Molière a lui-même composée et qui révèle son incroyable talent d'acteur comique : le roi lui offre d'emblée en récompense le droit de jouer dans une salle de théâtre ! C'est d'abord la salle du Petit-Bourbon que Molière partage avec les Comédiens-Italiens, puis, à partir de 1661, celle du Palais-Royal. Grâce à ces salles, qui lui assurent des revenus conséquents, le dramaturge va pouvoir consolider sa position éminente dans le théâtre français. Il poursuit ses représentations privées pour les nobles les plus puissants chez lesquels il trouve l'occasion de jouer devant le roi : contribuant à établir sa renommée, ces visites attirent dans son théâtre un public avide de suivre le goût de la Cour.

Molière fait évoluer le répertoire de sa troupe, y ajoutant de plus en plus de farces et de comédies qu'il écrit lui-même. En 1659, *Les Précieuses ridicules*, petite comédie qui parodie avec brio les excès des pratiques galantes de l'époque, connaît un succès phénoménal. Les libraires-éditeurs s'arrachent des copies pirates et le dramaturge se voit contraint de donner à publier sa pièce. Il y perd le droit d'exclusivité de mise en scène de sa comédie, mais fait son entrée dans le domaine de la littérature.

## 2. ... à la Troupe du roi

Molière est d'ailleurs déjà plus qu'un simple homme de théâtre en vogue : captant l'air du temps avec un instinct incomparable, il anticipe ou initie les modes à venir. Cette profonde intelligence de son temps lui permet de rebondir face aux difficultés. En 1661, il a offert au surintendant des Finances Fouquet la première de sa comédie-ballet *Les Fâcheux* pour sa somptueuse fête de Vaux-le-Vicomte. Fouquet arrêté sur ordre du roi, Molière parvient à ne pas être compromis : il remanie un passage de sa pièce et la donne au roi lui-même à Fontainebleau !

La même année, sa tragicomédie *Dom Garcie de Navarre* est accueillie moins chaleureusement qu'une pièce à machines de Corneille jouée dans une salle concurrente : Molière va se spécialiser dans le répertoire comique où il excelle et dans lequel le suit Madeleine ainsi qu'Armande Béjart, sa jeune épouse, et les nouveaux membres de la troupe.

Dès le début de son règne personnel, Louis XIV a reconnu en Molière l'homme de théâtre qui pourrait apporter à ses divertissements un éclat jusqu'alors inégalé et toujours avec une inventivité inédite. Molière imagine pour le roi *L'Impromptu de Versailles* et de nombreuses comédies-ballets où le théâtre joue de sa rencontre avec la musique et la danse. En 1664, Molière est ainsi naturellement convié à collaborer activement aux somptueuses fêtes des *Plaisirs de l'île enchantée* pour l'ouverture de Versailles : il y crée *La Princesse d'Élide*, *Tartuffe* (en trois actes), y reprend *Les Fâcheux* et *Le Mariage forcé*. C'est un triomphe ! Et en 1665, le roi accorde à la compagnie de Molière le titre de Troupe du roi.

1654-1660 Madeleine de Scudéry, *Clélie, histoire romaine.*

1657 Abbé d'Aubignac, *La Pratique du théâtre.*

1659 Molière, *Les Précieuses ridicules.*

1660 Publication des trois volumes du *Théâtre* de Corneille accompagnés de *Discours et d'examens des pièces.* Mariage de Louis XIV et de Marie-Thérèse d'Espagne.

1661   Mort de Mazarin et début du règne personnel
       de Louis XIV. Arrestation du surintendant
       des Finances, Nicolas Fouquet.
1662   Molière, *L'École des femmes*.
1664   À Versailles, fête des *Plaisirs de l'île enchantée*.
1665   Racine, *Alexandre*.

## 3.

## Molière et la postérité

### 1. *Un auteur à scandales, un auteur à succès !*

L'impertinence ludique de Molière a d'emblée plu au jeune Louis XIV : elle rencontre pleinement l'esprit enjoué qui donne un ton d'extraordinaire gaieté au début de son règne.

Les comédies de Molière peuvent ainsi avoir un caractère quelque peu sulfureux. En 1662, *L'École des femmes* fait scandale à cause de ses équivoques, mais d'éminents membres de la noblesse choisissent de la faire représenter à l'occasion de leur mariage. Molière a même raison de la cabale lancée contre son *Tartuffe* par le parti des dévots, furieux de cette représentation de l'hypocrisie : certes, en 1664, il est contraint d'interrompre les représentations de sa première version mais, en 1669, il parvient à obtenir du roi le droit de jouer et d'en publier un texte plus ample, en cinq actes. Et s'il a sans doute corrigé rapidement les passages les plus scabreux de son *Festin de pierre* en 1665, les places s'arrachent ! Les atermoiements dans sa publication, les libelles ainsi que les procès contre la comédie vont alimenter la publicité pour la troupe. Quant au *Misanthrope*, Molière n'a pu le jouer devant le roi, car il l'a créé en 1666 pendant la longue période de deuil qui a suivi la mort d'Anne d'Autriche, mais il en a donné une lecture à Versailles. Ces grandes comédies que la postérité a aimé lire comme des actes de bravoure et de résistance de Molière face au siècle de Louis XIV ont donc d'abord incarné le goût de la jeune cour et joué avec les limites de ce qu'il était alors possible de mettre en scène.

## 2. *Au service du Roi, en concurrence avec Lully*

Molière poursuit sa carrière de courtisan. Il se montre assidu à sa charge de Valet du roi. Les divertissements qu'il compose pour la Cour conduisent la troupe à jouer et danser avec Louis XIV et son entourage. Molière a ainsi l'opportunité de pousser au plus loin son inventivité pour créer des spectacles toujours plus éblouissants : son génie est de savoir renouveler le répertoire par des jeux de réécriture avec une distance réflexive plaisante et de s'aventurer dans de subtils jeux de miroirs qui permettent aux spectateurs du Roi-Soleil de s'admirer dans le spectacle que la monarchie absolue veut donner d'elle-même.

Mais il se doit aussi de composer avec les autres arts qui ont obtenu le même honneur que lui, la musique et la danse, et qui sont ainsi mis en concurrence : le « mariage forcé » avec l'ambitieux Lully, pour reprendre le titre de leur première collaboration en 1664, contraint le dramaturge à inventer de nouvelles voies théâtrales, dont le nombre — douze en commun avec Lully — et la diversité de ses comédies-ballets sont un exemple, et le pousse à élaborer des stratégies pour conserver sa propre renommée.

Au service exclusif du roi, Molière ne peut plus donner de représentations privées. Mais il fait désormais venir toute la noblesse dans son théâtre du Petit-Bourbon : les grandes comédies qu'il y joue, en particulier *Amphitryon* (1668), *L'Avare* (1668), *Les Fourberies de Scapin* (1671) ou *Le Malade imaginaire* (1673), contribuent à sa réputation de dramaturge de premier plan.

### 3. *L'édition théâtrale, voie de l'immortalité*

À cette époque où les droits des auteurs ne sont pas encore reconnus et où il ne convient pas de faire profession d'écrivain, l'homme de théâtre cherche à perpétuer ses succès par la publication de ses pièces. L'intérêt du chef de troupe est d'abord de garder l'exclusivité de ses pièces en empêchant leur publication. Mais, la demande d'un public de lecteurs est forte et les libraires s'empressent de les publier frauduleusement et en toute impunité. Avec une conscience aiguë de la propriété intellectuelle, Molière veut choisir les textes qu'il donne aux lecteurs. Il va jusqu'à publier à ses frais *Tartuffe* et entreprend d'obtenir des privilèges d'impression à son nom pour éditer lui-même ses œuvres complètes. La Communauté des libraires l'empêche d'achever son projet. Qu'importe, son vœu sera réalisé de façon posthume par son fidèle régisseur, La Grange, avec la grande édition de 1682. Ainsi le théâtre de Molière est-il arraché à l'éphémère du spectacle pour rejoindre le domaine de la littérature.

Madeleine Béjart disparaît en 1672. Molière meurt en 1673 après la quatrième représentation du *Malade imaginaire*. La Grange et Armande Béjart continuent à

porter sa mémoire. Arrive la fusion des troupes pari-
siennes sur ordre du roi : la troupe de Molière doit s'al-
lier avec les Comédiens du Marais, puis, en 1680, à ceux
de l'Hôtel de Bourgogne. La Comédie-Française détient
désormais le monopole des représentations théâtrales à
Paris et a déjà pour mission de conserver les classiques
du répertoire français. Cette troupe, unie par un acte
d'association, parviendra à traverser les siècles, malgré
les révolutions, et à s'identifier comme la « Maison de
Molière ».

1668   Grand Divertissement royal de Versailles avec
       création du *Mari confondu* (*George Dandin*).
1668   La Fontaine, début de la parution des *Fables*.
1669   Représentations autorisées de *Tartuffe* au Palais-
       Royal et publication de la comédie.
1670   Création du *Bourgeois gentilhomme* à Cham-
       bord.
1671   Création de *Psyché*, tragédie-ballet, dans la
       « grande salle des machines » du palais des
       Tuileries.
1672   Obtention par Lully d'un privilège à vie d'une
       Académie royale de musique.
1673   *Le Malade imaginaire*. Mort de Molière.
1674   *Alceste ou le triomphe d'Alcide*, deuxième tra-
       gédie en musique de Lully et Quinault. Boileau,
       *Œuvres*.
1678   Mme de La Fayette, *La Princesse de Clèves*.
1680   Création de la Comédie-Française par la fusion
       de la troupe de l'Hôtel de Bourgogne et la
       troupe de l'Hôtel Guénégaud.
1682   Installation définitive de Louis XIV à Ver-
       sailles.
1684   Mort de Pierre Corneille.
1687   Mort de Lully.
1688   La Bruyère, *Les Caractères*.

### Plus sur Molière :

**Des ouvrages...**

C.E.J. CALDICOTT, *La Carrière de Molière entre protecteurs et éditeurs*, Atlanta, Rodopi, 1998.

Ramon FERNANDEZ, *Molière ou l'essence du génie comique*, [1929], Les Cahiers rouges, Grasset, 1979.

Pierre FORCE, *Molière ou le prix des choses*, Nathan, 1994.

Anthony McKENNA, *Molière dramaturge libertin*, Champion, 2005.

François REY, *Album Molière*, Gallimard, La Pléiade, 2010.

Molière21 (http://www.moliere.paris-sorbonne.fr), Claude Bourqui, Georges Forestier, Lise Michel, David Chataignier éd : base de données intertextuelles.

**... et des films**

*Molière*, Ariane Mnouchkhine, 1978.

*Marquise*, Vera Belmont, 1997 (sur la marquise du Parc, comédienne).

*Le roi danse*, Gérard Corbiau, 2000.

*Molière*, Laurent Tirard, 2006.

*Versailles, le rêve d'un roi*, Thierry Binisti, 2007.

# Éléments pour une
# fiche de lecture

## Regarder le tableau

- Imaginons que cette vanité porte le titre de la pièce de Molière, *Le Misanthrope* : justifiez par ce que vous voyez dans le tableau cette nouvelle appellation.
- Les vanités doivent rappeler aux hommes la fuite du temps : trouvez quatre objets ou situations dans le tableau qui ont cette fonction.
- Quelle est la palette du tableau ? La dominante relève-t-elle de couleurs chaudes ou de couleurs froides ?
- Que regarde le personnage à gauche du tableau ?

## Titre et sous-titre

- Molière a initialement intitulé sa comédie : *Le Misanthrope ou l'atrabilaire amoureux*. Recherchez l'étymologie des mots « misanthrope » et « atrabilaire ».
- Alceste est-il véritablement le personnage principal de cette comédie ? Comparez le nombre de scènes où il est présent et son temps de parole à ceux de Célimène et de Philinte.
- Expliquez le sens du sous-titre. Son caractère para-

doxal rend-il compte du moteur de l'action ? En quoi programme-t-il l'attente d'une œuvre comique ?

- Recherchez les tempéraments que la physiologie et la médecine associent à chacune des quatre humeurs (sang, flegme, bile jaune, bile noire). Relevez dans la pièce les allusions aux humeurs dans le caractère d'Alceste et celles qui concernent les autres personnages (voir notamment I, 1 v. 90-178 ; II, 1 ; V, 1). Molière donne-t-il une image positive de la mélancolie d'Alceste ?

## La Grande Comédie

- Repérez des passages qui relèvent de la farce. Quelles sont leurs fonctions ? Relevez-vous par ailleurs des termes familiers, des jurons, un vocabulaire imagé dans la pièce ?
- Dans quel style la comédie est-elle composée ? L'emploi de l'alexandrin et du nombre d'actes est-il le même que dans la tragédie ? *Le Misanthrope* suit-il les règles de la doctrine classique ? Certaines scènes se caractérisent-elles par un vocabulaire noble et une situation tragique ?
- Molière juxtapose-t-il les styles comique et tragique ou en opère-t-il une synthèse ?
- Le dénouement de la pièce correspond-il à la fin que l'on attend dans une comédie ? Est-ce pour autant celui d'une tragédie ?
- Pour le critique dramatique Jean-Loup Rivière, dans *Le Misanthrope*, « la comédie est une "tragédie humaine" » : une telle définition vous paraît-elle illustrer la pièce de Molière et définir le propre de la grande comédie ?

## Les portraits

- Quels sont les portraits dressés tout au long de la pièce ? Quel est l'effet produit par la juxtaposition de portraits de personnages qui interviennent dans l'intrigue et ceux de personnages extérieurs ?

- Quels sont les caractéristiques stylistiques des portraits tels qu'il sont pratiqués dans la scène 4 de l'acte II ? Justifiez, exemples à l'appui, qu'ils sont alimentés par une rhétorique de l'exagération et le plaisir du bon mot. Comment Molière introduit-il de la variété ? Comparez ces portraits à ceux des *Caractères* de La Bruyère : en quoi la situation d'énonciation théâtrale influe-t-elle sur l'interprétation morale des portraits dressés par Molière ?

- Quelle est la dramaturgie du jeu des portraits (II, 4) ? Décrivez le fonctionnement et la progression de la scène. En quoi le jeu mondain s'apparente-t-il à un spectacle ? Dans quelle mesure cette scène relève-t-elle du théâtre dans le théâtre ?

- Quels sont les personnages qui se livrent au jeu des portraits ? Quels sont les personnages qui s'y dérobent ? En quoi Éliante se distingue-t-elle ? Montrez comment la participation de chacun contribue à définir le caractère des protagonistes.

## Interprétations et mises en scène possibles

- Parmi les comédiens que vous connaissez (au cinéma, à la télévision, au théâtre), lesquels choisiriez-vous pour interpréter les différents rôles de la comédie ? Quels costumes leur donneriez-vous ?

- Décrivez le jeu des acteurs qui interprètent Alceste, Philinte et Oronte dans la scène 2 de l'acte I.
- Décrivez le jeu, l'attitude et les réactions de Célimène tout au long de la scène des billets (acte V, scène 4). Comment quitte-t-elle la scène ?
- Deux traditions coexistent, l'une représentant Alceste comique et ridicule, l'autre le montrant sombre et pathétique. Quel choix feriez-vous entre ces deux interprétations possibles ?

## Écriture

- Le comédien Jean-Louis Barrault disait en 1938 : « Alceste [...] ne m'apparaît pas comme un véritable misanthrope, comme un homme qui déteste ses semblables. C'est, au contraire, un amant de tout : il aime la poésie, l'amitié et l'amour. Donc impossibilité pour lui de vivre avec les gens de tous les jours, et obligation pour lui, parce que s'acharnant à vivre avec eux, de leur être désagréable. Le véritable misanthrope de la pièce, c'est l'égoïste Philinte, qui n'aime que soi. » Répondez-lui par une lettre où vous critiquerez son point de vue et développerez la thèse contraire.
- Célimène est souvent présentée comme une coquette frivole et hypocrite. Prenez sa défense : justifiez et expliquez sa conduite.
- Et si Alceste restait ? Inventez un sixième acte à la pièce de Molière. Racontez l'action dans un récit en indiquant la progression des scènes et les personnages impliqués. Puis, imaginez les dialogues entre les protagonistes.

## DANS LA MÊME COLLECTION

### Collège

*Combats du xxe siècle en poésie* (anthologie) (161)

*Mère et fille (Correspondances de Mme de Sévigné, George Sand, Sido et Colette)* (anthologie) (112)

*Poèmes à apprendre par cœur* (anthologie) (191)

*Les récits de voyage* (anthologie) (144)

*La Bible* (textes choisis) (49)

*Fabliaux* (textes choisis) (37)

*Shéhérazade et Aladin* (192)

*La Farce de maître Pathelin* (146)

ALAIN-FOURNIER, *Le grand Meaulnes* (174)

Jean ANOUILH, *Le Bal des voleurs* (113)

Honoré de BALZAC, *L'Élixir de longue vie* (153)

Henri BARBUSSE, *Le Feu* (91)

Joseph BÉDIER, *Le Roman de Tristan et Iseut* (178)

Lewis CARROLL, *Les Aventures d'Alice au pays des merveilles* (162)

CHRÉTIEN DE TROYES, *Le Chevalier au Lion* (2)

CHRÉTIEN DE TROYES, *Lancelot ou le Chevalier de la Charrette* (133)

CHRÉTIEN DE TROYES, *Perceval ou Le conte du Graal* (193)

COLETTE, *Dialogues de bêtes* (36)

Joseph CONRAD, *L'Hôte secret* (135)

Pierre CORNEILLE, *Le Cid* (13)

Roland DUBILLARD, *La Leçon de piano et autres diablogues* (160)

ÉSOPE, Jean de LA FONTAINE, Jean ANOUILH, *50 Fables* (186)

Georges FEYDEAU, *Feu la mère de Madame* (188)

Gustave FLAUBERT, *Trois contes* (6)

Romain GARY, *La Promesse de l'aube* (169)

Jean GIONO, *L'Homme qui plantait des arbres* + *Écrire la nature* (anthologie) (134)

Nicolas GOGOL, *Le Nez. Le Manteau* (187)

Wilhelm et Jacob GRIMM, *Contes* (textes choisis) (72)

Ernest HEMINGWAY, *Le vieil homme et la mer* (63)

HOMÈRE, *Odyssée* (18)

Victor HUGO, *Claude Gueux* suivi de *La Chute* (15)

Victor HUGO, *Jean Valjean (Un parcours autour des Misérables)* (117)

Thierry JONQUET, *La Vie de ma mère!* (106)

Joseph KESSEL, *Le Lion* (30)

Jean de LA FONTAINE, *Fables* (34)

J. M. G. LE CLÉZIO, *Mondo et autres histoires* (67)

Gaston LEROUX, *Le Mystère de la chambre jaune* (4)

Guy de MAUPASSANT, *12 contes réalistes* (42)

Guy de MAUPASSANT, *Boule de suif* (103)

MOLIÈRE, *Les Fourberies de Scapin* (3)

MOLIÈRE, *Le Médecin malgré lui* (20)

MOLIÈRE, *Trois courtes pièces* (26)

MOLIÈRE, *L'Avare* (41)

MOLIÈRE, *Les Précieuses ridicules* (163)

Alfred de MUSSET, *Fantasio* (182)

George ORWELL, *La Ferme des animaux* (94)

Amos OZ, *Soudain dans la forêt profonde* (196)

Louis PERGAUD, *La Guerre des boutons* (65)

Charles PERRAULT, *Contes de ma Mère l'Oye* (9)

Edgar Allan POE, *6 nouvelles fantastiques* (164)

Jacques PRÉVERT, *Paroles* (29)

Jules RENARD, *Poil de Carotte* (66)

Antoine de SAINT-EXUPÉRY, *Vol de nuit* (114)

Mary SHELLEY, *Frankenstein ou le Prométhée moderne* (145)

John STEINBECK, *Des souris et des hommes* (47)

Robert Louis STEVENSON, *L'Étrange Cas du docteur Jekyll et de M. Hyde* (53)

Jean TARDIEU, *9 courtes pièces* (156)

Michel TOURNIER, *Vendredi ou La Vie sauvage* (44)

Fred UHLMAN, *L'Ami retrouvé* (50)

Jules VALLÈS, *L'Enfant* (12)

Paul VERLAINE, *Fêtes galantes* (38)

Jules VERNE, *Le Tour du monde en 80 jours* (32)

H. G. WELLS, *La Guerre des mondes* (116)

Oscar WILDE, *Le Fantôme de Canterville* (22)

Richard WRIGHT, *Black Boy* (199)

Marguerite YOURCENAR, *Comment Wang-Fô fut sauvé et autres nouvelles* (100)

Émile ZOLA, *3 nouvelles* (141)

### Lycée

**Série Classiques**

*Écrire sur la peinture* (anthologie) (68)

*Les grands manifestes littéraires* (anthologie) (175)

*La poésie baroque* (anthologie) (14)

*Le sonnet* (anthologie) (46)

*L'Encyclopédie* (textes choisis) (142)

Honoré de BALZAC, *La Peau de chagrin* (11)

Honoré de BALZAC, *La Duchesse de Langeais* (127)

Honoré de BALZAC, *Le roman de Vautrin (Textes choisis dans* La Comédie humaine*)* (183)

René BARJAVEL, *Ravage* (95)

Charles BAUDELAIRE, *Les Fleurs du mal* (17)

BEAUMARCHAIS, *Le Mariage de Figaro* (128)

André BRETON, *Nadja* (107)

Albert CAMUS, *L'Étranger* (40)

Albert CAMUS, *La Peste* (119)

Albert CAMUS, *La Chute* (125)

Albert CAMUS, *Les Justes* (185)

Louis-Ferdinand CÉLINE, *Voyage au bout de la nuit* (60)

René CHAR, *Feuillets d'Hypnos* (99)

François-René de CHATEAUBRIAND, *Mémoires d'outre-tombe* – «Livres IX à XII» (118)

Driss CHRAÏBI, *La Civilisation, ma Mère!...* (165)

Albert COHEN, *Le Livre de ma mère* (45)

Benjamin CONSTANT, *Adolphe* (92)

Pierre CORNEILLE, *Le Menteur* (57)

Pierre CORNEILLE, *Cinna* (57)

Denis DIDEROT, *Le Paradoxe sur le comédien* (180)

Madame de DURAS, *Ourika* (189)

Marguerite DURAS, *Un barrage contre le Pacifique* (51)

Paul ÉLUARD, *Capitale de la douleur* (126)

Annie ERNAUX, *La place* (61)

Gustave FLAUBERT, *Madame Bovary* (33)

Gustave FLAUBERT, *Écrire* Madame Bovary *(Lettres, pages manuscrites, extraits)* (157)

André GIDE, *Les Faux-Monnayeurs* (120)

## DANS LA MÊME COLLECTION

André GIDE, *La Symphonie pastorale* (150)

Victor HUGO, *Hernani* (152)

Victor HUGO, *Mangeront-ils ?* (190)

Eugène IONESCO, *Rhinocéros* (73)

Sébastien JAPRISOT, *Un long dimanche de fiançailles* (27)

Charles JULIET, *Lambeaux* (48)

Franz KAFKA, *Lettre au père* (184)

Eugène LABICHE, *L'Affaire de la rue de Lourcine* (98)

Jean de LA BRUYÈRE, *Les Caractères* (24)

Pierre CHODERLOS DE LACLOS, *Les Liaisons dange-reuses* (5)

Madame de LAFAYETTE, *La Princesse de Clèves* (39)

Louis MALLE et Patrick MODIANO, *Lacombe Lucien* (147)

André MALRAUX, *La Condition humaine* (108)

MARIVAUX, *L'Île des Esclaves* (19)

MARIVAUX, *La Fausse Suivante* (75)

MARIVAUX, *La Dispute* (181)

Guy de MAUPASSANT, *Le Horla* (1)

Guy de MAUPASSANT, *Pierre et Jean* (43)

MOLIÈRE, *L'École des femmes* (25)

MOLIÈRE, *Le Tartuffe* (35)

MOLIÈRE, *L'Impromptu de Versailles* (58)

MOLIÈRE, *Amphitryon* (101)

Michel de MONTAIGNE, *Des cannibales + La peur de l'autre* (anthologie) (143)

MONTESQUIEU, *Lettres persanes* (56)

MONTESQUIEU, *Essai sur le goût* (194)

Alfred de MUSSET, *Lorenzaccio* (8)

## DANS LA MÊME COLLECTION

Irène NÉMIROVSKY, *Suite française* (149)

OVIDE, *Les Métamorphoses* (55)

Blaise PASCAL, *Pensées* (Liasses II à VIII) (148)

Pierre PÉJU, *La petite Chartreuse* (76)

Daniel PENNAC, *La fée carabine* (102)

Luigi PIRANDELLO, *Six personnages en quête d'auteur* (71)

Francis PONGE, *Le parti pris des choses* (170)

L'abbé PRÉVOST, *Manon Lescaut* (179)

Raymond QUENEAU, *Zazie dans le métro* (62)

Raymond QUENEAU, *Exercices de style* (115)

Pascal QUIGNARD, *Tous les matins du monde* (202)

François RABELAIS, *Gargantua* (21)

Jean RACINE, *Andromaque* (10)

Jean RACINE, *Britannicus* (23)

Jean RACINE, *Phèdre* (151)

Rainer Maria RILKE, *Lettres à un jeune poète* (59)

Arthur RIMBAUD, *Illuminations* (195)

Edmond ROSTAND, *Cyrano de Bergerac* (70)

SAINT-SIMON, *Mémoires* (64)

Nathalie SARRAUTE, *Enfance* (28)

William SHAKESPEARE, *Hamlet* (54)

SOPHOCLE, *Antigone* (93)

STENDHAL, *La Chartreuse de Parme* (74)

Michel TOURNIER, *Vendredi ou les limbes du Pacifique* (132)

Vincent VAN GOGH, *Lettres à Théo* (52)

VOLTAIRE, *Candide* (7)

VOLTAIRE, *L'Ingénu* (31)

VOLTAIRE, *Micromégas* (69)

Émile ZOLA, *Thérèse Raquin* (16)

Émile ZOLA, *L'Assommoir* (140)

**Série Philosophie**

*Notions d'esthétique* (anthologie) (110)

*Notions d'éthique* (anthologie) (171)

ALAIN, *44 Propos sur le bonheur* (105)

Hannah ARENDT, *La Crise de l'éducation*, extrait de *La Crise de la culture* (89)

ARISTOTE, *Invitation à la philosophie (Protreptique)* (85)

Saint AUGUSTIN, *La création du monde et le temps –* « *Livre XI, extrait des Confessions* » (88)

Walter BENJAMIN, *L'œuvre d'art à l'époque de sa reproductibilité technique* (123)

Émile BENVENISTE, *La communication*, extrait de *Problèmes de linguistique générale* (158)

Albert CAMUS, *Réflexions sur la guillotine* (136)

René DESCARTES, *Méditations métaphysiques* – « 1, 2 et 3 » (77)

René DESCARTES, *Des passions en général*, extrait des *Passions de l'âme* (129)

René DESCARTES, *Discours de la méthode* (155)

Denis DIDEROT, *Le Rêve de d'Alembert* (139)

Émile DURKHEIM, *Les règles de la méthode sociologique* – « Préfaces, chapitres 1, 2 et 5 » (154)

ÉPICTÈTE, *Manuel* (173)

Michel FOUCAULT, *Droit de mort et pouvoir sur la vie*, extrait de *La Volonté de savoir* (79)

Sigmund FREUD, *Sur le rêve* (90)

Thomas HOBBES, *Léviathan* – «Chapitres 13 à 17» (111)

David HUME, *Dialogues sur la religion naturelle* (172)

François JACOB, *Le programme* et *La structure visible*, extraits de *La logique du vivant* (176)

Emmanuel KANT, *Des principes de la raison pure pratique*, extrait de *Critique de la raison pratique* (87)

Emmanuel KANT, *Idée d'une histoire universelle au point de vue cosmopolitique* (166)

Étienne de LA BOÉTIE, *Discours de la servitude volontaire* (137)

G. W. LEIBNIZ, *Préface* aux *Nouveaux Essais sur l'entendement humain* (130)

Claude LÉVI-STRAUSS, *Race et histoire* (104)

Nicolas MACHIAVEL, *Le Prince* (138)

Nicolas MALEBRANCHE, *La Recherche de la vérité* – «De l'imagination, 2 et 3» (81)

MARC AURÈLE, *Pensées* – «Livres II à IV» (121)

Karl MARX, *Feuerbach. Conception matérialiste contre conception idéaliste* (167)

Maurice MERLEAU-PONTY, *L'Œil et l'Esprit* (84)

Maurice MERLEAU-PONTY, *Le cinéma et la nouvelle psychologie* (177)

John Stuart MILL, *De la liberté de pensée et de discussion*, extrait de *De la liberté* (122)

Friedrich NIETZSCHE, *La «faute», la «mauvaise conscience» et ce qui leur ressemble (Deuxième dissertation)*, extrait de *La Généalogie de la morale* (86)

Friedrich NIETZSCHE, *Vérité et mensonge au sens extra-moral* (168)

## DANS LA MÊME COLLECTION

Blaise PASCAL, *Trois discours sur la condition des Grands et six liasses extraites des Pensées* (83)

PLATON, *La République* – «Livres 6 et 7» (78)

PLATON, *Le Banquet* (109)

PLATON, *Apologie de Socrate* (124)

PLATON, *Gorgias* (159)

Jean-Jacques ROUSSEAU, *Discours sur l'origine et les fondements de l'inégalité parmi les hommes* (82)

Baruch SPINOZA, *Lettres sur le mal* – «Correspondance avec Blyenbergh» (80)

Alexis de TOCQUEVILLE, *De la démocratie en Amérique I* – «Introduction, chapitres 6 et 7 de la deuxième partie» (97)

Simone WEIL, *Les Besoins de l'âme*, extrait de *L'Enracinement* (96)

Ludwig WITTGENSTEIN, *Conférence sur l'éthique* (131)

Pour plus d'informations,
consultez le catalogue à l'adresse suivante :
http://www.gallimard.fr

Composition Interligne

*Composition Interligne*
*Impression Novoprint*
*à Barcelone, le 17 décembre 2013*
*Dépôt légal : décembre 2013*
*1ᵉʳ dépôt légal : mars 2011*

ISBN 978-2-07-044102-0./Imprimé en Espagne.